心理学入门

36堂妙趣横生的实用心理课

乐律 著

图书在版编目（CIP）数据

心理学入门：36堂妙趣横生的实用心理课／乐律著．－－北京：华夏出版社有限公司，2020.1
ISBN 978-7-5080-9881-4

Ⅰ．①心… Ⅱ．①乐… Ⅲ．①心理学－通俗读物 Ⅳ．① B84-49

中国版本图书馆CIP数据核字（2019）第248964号

心理学入门——36堂妙趣横生的实用心理课

作 者	乐 律
责任编辑	陈 迪

出版发行	华夏出版社有限公司
经 销	新华书店
印 装	天津旭非印刷有限公司
版 次	2020年1月北京第1版 2020年1月北京第1次印刷
开 本	710×1000 1/16
印 张	13.5
字 数	172千字
定 价	49.80元

华夏出版社有限公司 网址：www.hxph.com.cn 地址：北京市东直门外香河园北里4号 邮编：100028
若发现本版图书有印装质量问题，请与我社营销中心联系调换。电话：（010）64663331（转）

前　言

随着现代人对心理健康的日益关注，心理学逐渐成为热门，越来越多的人渴望了解心理学，学习心理学知识，掌握心理调适的方法，改善自身的心理健康状况。本书即为心理学的入门读物，引导读者走出泛滥的娱乐化心理学误区，走进科学的心理学。

一门科学的心理学应该从何时起步？让我们意想不到的是，科学心理学的起点竟然是莱比锡大学的一间贫困生食堂。而科学心理学一旦迈开矫健的步伐，就展现出百花齐放的繁荣局面，流派纷呈，大师辈出。本书为读者介绍了以精神分析、行为主义和人本主义为代表的心理学流派及其代表人物。

了解心理学，首先要了解人的大脑，因为大脑是心理活动的器官，而感知觉是一切心理活动的起点。睡眠、催眠与梦境则揭示了心理活动的另一个神秘世界——潜意识。真实的催眠术是否如影视剧中演绎得那样神奇？怎样对我们的潜意识施加影响，让我们变得自信、乐观，勇气十足地面对生活？书中有您想要的答案。

"人格"是一个日常用语，但心理学意义的人格却不同于我们平时所说的人格。它包括人的气质、性格等层面。人格的主要特征是何时形成的？面对并不完美的人格，我们又该如何调适？作者告诉我们：幽默与升华的心理防御机制可以造就更加健全的人格。

除此之外，作者还涉猎了记忆、情绪、需要、动机等心理学问题，并引导我们以心理学的视角来审视我们所生活的世界——社会心理学的内容同样值得一看。

目录 Contents

第一章
作为一门科学的心理学——心理学简史

冯特带来了许多演示器材和实验设备,莱比锡大学给他分配了一个小房间——孔维克特楼里一个供穷学生就餐的食堂。在这里,冯特创建了世界上第一个心理学实验室。

003	第一节	贫困生的食堂——科学心理学从这里起步
011	第二节	天上的北斗七星——格式塔心理学与格式塔疗法
019	第三节	打开潜意识的大门——精神分析学派
031	第四节	意识是适应环境的机能——机能主义心理学
038	第五节	思维是肌肉的变化——行为主义与行为主义疗法
045	第六节	尊重人的尊严和价值——人本主义心理学

第二章
感知五彩缤纷的世界——大脑与感知觉

所以人在感冒的时候才会食之无味。如果你不相信的话,大可做一个这样的测试:拿出一片苹果和一片生土豆片,然后捏住鼻子尝一下,是不是它们之间的差别不见了呢?

053	第一节	左撇子更聪明吗——我们的大脑是如何工作的
058	第二节	第六感真的存在吗——神奇的感觉
065	第三节	感觉的深加工——知觉的世界
070	第四节	艺术与魔术——感知觉的妙用

第三章
睡眠、催眠与梦——潜意识的苏醒

　　巴尔扎克就曾在白日梦中，与他在小说中的人物愉快地对话；作曲家勃拉姆斯也曾说过，音符总是在他冥想时，陆陆续续地从脑海中跳出来，助他写就了众多经典的曲目。

077　　第一节　长睡不起的人——了解睡眠的奥秘
082　　第二节　梦境与现实重合——梦与白日梦
088　　第三节　神乎其神的催眠——真实的催眠术
094　　第四节　影响潜意识——奇迹般的心理暗示

第四章
往事历历在目——记忆、遗忘与失忆

　　在短时记忆内，人们平均只能记住7个项目，无论是7个数字也好，7个地名也好，短时记忆的量都不会继续增加。这个规律后来被称作"神奇的7±2法则"。

101　　第一节　为什么是7±2——瞬时、短时与长时记忆
105　　第二节　此情此景似曾相识——情景记忆
108　　第三节　发现遗忘的规律——艾宾浩斯遗忘曲线
114　　第四节　经典的剧情桥段——失忆

第五章
与尊严无关——心理学意义的"人格"

世界上没有完人,也没有完美无瑕的人格。要想造就健全的人格,做一个身心健康的人,拥有幸福的人生,不妨借助心理学的方法来自我完善和超越。幽默与升华这两种成熟的心理防御机制都是实现自我超越的有效途径。

121	第一节	"人格"这回事儿——人格与气质
126	第二节	造就人格的关键期——童年与人格形成
136	第三节	性格不仅仅决定命运——性格与健康
139	第四节	造就健全的人格——幽默与升华

第六章
行为的驱动力——需要与动机

马斯洛说:"在一切需要之中,生理需要是最优先的。这意味着,在某种极端的情况下,即一个人生活中的一切东西都没有的情况下,很可能主要的动机就是生理的需要。"

147	第一节	生理、安全与社交需要——初级需要
155	第二节	尊重与自我实现——高级需要
161	第三节	我为什么这么做——动机与价值观

第七章
喜、怒、哀、惧——情绪

学会调节自己的情绪,为自己找到一个恰当好用的调节方法,既是提高生活质量的要求,也会给自己的人生带来愉快的记忆。

169	第一节	28天大循环——情绪生物钟
173	第二节	一颦一笑、举手投足——情绪的身体语言
177	第三节	从改变认知开始——掌控情绪
180	第四节	现代人的心灵杀手——抑郁情绪
183	第五节	不安像空气一样弥漫——焦虑情绪
186	第六节	一点就着的炮仗脾气——情绪暴躁

第八章
用心理学的眼睛看世界——社会心理学

幸福不是一棵白菜,可以估算价钱,也不是一吨黄金,可以作为炫富的资本。在幸福面前,总有人追求高贵,也有人向往淡雅,比较出来的幸福永远是外在的境遇,内心的感受才是真实的生活。

191	第一节	"三人成虎"的背后——从众心理
194	第二节	比上不足比下有余——幸福的比较级
197	第三节	乐善好施为哪般——利他行为的动机
201	第四节	围观造成的悲剧——旁观者效应
204	第五节	找到自己的位置——社会角色

第一章
作为一门科学的心理学——心理学简史

  冯特带来了许多演示器材和实验设备,莱比锡大学给他分配了一个小房间——孔维克特楼里一个供穷学生就餐的食堂。在这里,冯特创建了世界上第一个心理学实验室。

第一章
作为一门科学的心理学——心理学简史

第一节 贫困生的食堂——科学心理学从这里起步

1879年,德国莱比锡大学的威廉·冯特建立了第一个心理学研究实验室,心理学作为一门实验科学从此诞生。如今人们谈起心理学,势必提到冯特这个名字,他是心理学的创立者,也是世界上第一个真正的心理学家。究竟冯特是何许人也?他是如何建立心理实验室的?他本人的研究又给后来的心理学发展留下了哪些宝贵的财富呢?我们来考察一下。

1832年8月16日,冯特出生在巴登地区曼海姆北郊的一个村庄,他是家中的第四个孩子。父亲马克西米利安·冯特是村里的牧师,家族成员中有历史学家、神学家、经济学家,还有两位海德堡大学的校长,他母亲的家族同样显赫,成员包括科学家、医生和政府官员,因此说,冯特也算出身书香门第。

后来,他在舅舅的建议下作为预科生进入杜宾根大学医学院,医生的收入可以使家庭维持体面的生活。大学一年级结束后,冯特转学到海德堡大学,并且用三年的时间修完了四年的课程,这是他节省开支的唯一方法。在全国医学会考中,冯特取得第一名的成绩,而后到柏林大学深造一年,跟随约翰内斯·缪勒(生理学之父)和艾米尔·杜布瓦·雷蒙德一起做研究。回到海德堡大学后,冯特在生理学系担任讲师,他开设的第一门课程是实验生理学,可惜只有4个学生。按照海德堡大学的规定,讲师的

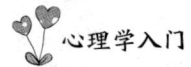

收入依赖学生的学费，冯特只有努力地工作，在演讲中安排实验。由于过度劳累，他生了一场很严重的病，短短时间内几乎濒临死亡。之后，他到瑞士的阿尔卑斯山进行疗养。

1858年，赫尔姆霍兹来到海德堡大学，并且办了一所生理学研究所，冯特被任命为他的助手。冯特欣然接受了这一职位，在他心中，赫尔姆霍兹和缪勒、雷蒙德是德国三位最伟大的生理学家。当时冯特尚未结婚，于是，他疯狂地投入实验室工作，并且撰写了他的第一本著作《对感官知觉理论的贡献》。这本书于1862年出版，冯特在书中探讨了感官机能，发展了知觉理论，率先提出了实验心理学的名称。一年后，两卷本1000页的《关于人类和动物灵魂的演讲录》出版。从此以后，冯特走上了多产作家的道路。

1864年，冯特从生理学研究所辞职，原因是他对自己的职位不满意，即使当时他已经从讲师升任副教授。没有了固定收入后，他只能依靠版税维持生活。他的这一举动也引起了人们对他和赫尔姆霍兹关系的猜测。1871年，赫尔姆霍兹离开海德堡大学，冯特原本想要接替他的职位，可惜未能如愿。

和未婚妻索菲·毛结婚后，冯特开始写作《生理心理学原理》。《生理心理学原理》是近代心理学史上第一部重要著作，在这本书的绪论里，冯特就解释了为什么会将书名定为《生理心理学原理》。身体现象包括生理的和心理的，他所提倡的就是用生理学的方法发展出来的心理学。这部书中，他开始总结心理实验的成果，研究感觉、情感、意志、知觉和思维，他试图将心理学从哲学中独立出来，发展成一门系统的科学。这部著作让他得到了苏黎世大学的哲学教授席位，一年后，他来到莱比锡大学，担任哲学教授。

冯特带来了许多演示器材和实验设备，莱比锡大学给他分配了一个小房间——孔维克特楼里一个供穷学生就餐的食堂。在这里，冯特创建了世界上第一个心理学实验室。学生们可以去那里观察实验演示，也可以参与简单的实验，他的学生，如卡特尔、闵斯特伯格、屈尔佩、铁钦纳等都在那里从事自己的研究，冯特却几乎没有进行过什么研究——他的兴趣在理论，不在实验。

实际上，冯特建立实验室是一次冒险的行动。他的同事并没有将心理学看作一门科学，觉得他带着学生进行自我观察会导致他们精神错乱，直到1883年，这个实验室还没被官方认可。尽管如此，实验室的规模还是不断扩大，从原本孔维克特楼三楼的一个小房间，到占用了8到10个房间，到1897年，实验室已经迁到一个专门为心理学研究设计的建筑中。1943年，冯特的实验室在英美对德国的轰炸中被摧毁。

直到去世，冯特都住在莱比锡，他从不外出旅行，除了欣赏音乐会之外，也不喜欢参加公众活动。他每天都过着严谨而有规律的生活，上午写作，下午访问实验室、上课，然后散步。课堂上，冯特是一个富于激情、口若悬河的教授，私底下，他则显得刻板、缺乏幽默感。他的学生铁钦纳说他是一个"不知疲倦和进取的人"。他的动手能力非常差，因此在实验室里，总是花最少的时间，做最少的工作，其他研究则是在他家里的书房中完成的。

冯特对心理学最大的贡献就是创立了实验心理学。冯特在他的自传中说，从他发表第一部著作开始，就设想将心理学分成实验和社会两部分。

传统的内省法有许多不足，在自我观察中，观察者和观察物容易混淆在一起。于是，他将实验法和内省法结合起来，在实验控制的条件下观察自我的心理过程，以消除主观内省带来的影响。除了对被试自我观察做报告之外，利用各种客观实验技术记录被试的反应，于是，冯特搜集了示波器、速示器、测示仪等工具，这些工具就是冯特进行实验研究的基础。

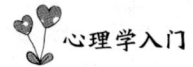

冯特将心理学的研究任务定为对意识元素的分析。最基本的意识元素，即心理元素便是感觉和情感。感觉是直接经验的客观方面，有性质和强度两种特性。不同的感觉的复合构成知觉和观念。情感则是直接经验的主观方面，伴随着感觉产生，是感觉的主观补充。那么，心理元素是怎样结合成意识的呢？冯特引入了联想、统觉和心理复合规律的概念。

冯特将内省法和实验相结合，形成了实验内省法。实验内省法并非完美，而是存在许多难以克服的缺陷，为此，后来的心理学家对冯特大有非难，但任何人都承认冯特作为第一个实验心理学家的贡献。

民族心理学也是冯特的心理学体系的一部分。冯特认为，记忆、思维、想象这些复杂的心理过程是无法用实验方法观测的，于是，他将人的高级心理过程和语言、神话以及风俗习惯等社会产物联系在一起。分析这些社会产物，便可以推演出高级心理过程的规律。

冯特在《民族心理学》中偶尔提到与社会心理学有关的问题，也强调了社会文化中的心理因素，有利于社会心理学的形成。不过，他并没有提出系统的社会心理学的理论，相比社会心理学，他更倾向于研究文化人类学方面。

纵观冯特几十年的研究生涯，他是一个相当多产的作家。根据他女儿的统计，他的著作多达500余种，内容涉及心理学、生理学、物理学、哲学、逻辑学、伦理学、语言学、人类文化学等诸多领域。因为羡慕卡特尔拥有打字机，他也买了一台，结果，他写作的速度比之前快了两倍以上。美国心理学史专家波林曾经计算过，冯特总共出版著作53735页，68年间，他每天写2.2页，每两分钟写一个字，而且是昼夜不停地写。如此惊人的著作产量让人不得不佩服冯特的勤奋。后半生，冯特患上了右眼斜视，在这种情况下依然埋头写作，不能不令人感动。

冯特创建莱比锡实验室后，招收了来自各地的学生，这些学生在他身边学习一段时间后,纷纷前往不同的高校任教,他们不仅成为心理学史上的大家,还为心理学的建立和传播做出了重要的贡献。这些人包括美国第一位心理学教授詹姆斯·麦基恩·卡特尔,在康奈尔大学创建美国第一个心理学实验室的爱德华·铁钦纳,发展了智力二因素理论的英国心理学家查尔斯·斯皮尔曼,儿童心理学家斯坦利·霍尔以及维特莫、基德、莫依曼和威廉·詹姆斯。

可以说,在心理学独立发展的前50年,一些重要的专家学者都是出自冯特的门下。

威廉·詹姆斯是美国机能主义学派的创始人,他在哈佛大学劳伦斯理学院学习了三年比较解剖学和生理学之后,转入哈佛医学院学医,并于1867年到德国留学,在赫尔姆霍兹、冯特等人的指导下学习医学、生理学和心理学。回国后,他获得了哈佛大学医学博士学位,开始在哈佛大学教授解剖学和生理学,并逐渐转向心理学研究。

1875年,詹姆斯在美国开设心理学课程"生理学与心理学的关系",同时建立了一个非正式的心理学实验室。1890年,两卷本著作《心理学原理》出版,这本囊括整个十九世纪的心理学成果的大作迅速被翻译成法文、德文、意大利文以及俄文。

詹姆斯认为,心理学应该研究心理生活,包括心理生活的现象及其条件。他反对冯特将心理现象分解为元素的方法,他认为意识是不断流动的,并不能分解成片段或元素。在内省法和实验法之外,他又提出了比较法作为一种补充方法。

冯特特别反感威廉·詹姆斯的心理学理论,詹姆斯的《心理学原理》一书出版后,受到全世界的普遍欢迎,冯特读完后却说"这是文学,它很美,但不是心理学"。实际上,詹姆斯的心理学系统更完整,更有洞察力和个人特色。这位学生对老师的看法则是"纯粹的教育塑造一个人的完美范例"。

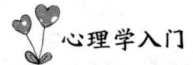

被认为继承了冯特心理学体系的爱德华·铁钦纳是构造主义的创始人。他出生于英国一个财富不多的老式家庭中，靠自己的聪明才智得到奖学金。他先进了麦文学院，之后在牛津大学学了四年哲学和古典文学，第五年，他成为生理学研究助手。这时，他已经对冯特的心理学产生兴趣，他像朝圣一般前往莱比锡，师从冯特学了两年心理学。这两年使他成为冯特的信奉者，也决定了他在心理学研究领域的前途。

新兴的心理学引来了不少怀疑者，铁钦纳回到英国后遇到了不少挫折，于是，他决定到美国教授心理学。他到美国的第一站是康奈尔大学，那年他25岁，从此之后，他一直生活在康奈尔大学。

铁钦纳受冯特的影响非常深，他的心理学体系、观点、研究方法、教学方式都秉承了冯特的风格，甚至他的举止风度都有冯特的影子。铁钦纳曾经回忆冯特上课时的样子："咔嗒咔嗒地沿着走廊慢慢笨拙地走向讲台……食指从他的额前掠过，重新整理他的粉笔……胳膊和手在不停地上下指着和挥舞着……"多年后，铁钦纳在康奈尔大学上课时，也是用"咔嗒咔嗒"的方式进出教室的。

铁钦纳在康奈尔大学任教期间，建立了一个心理学实验室，添置了许多仪器设备，他一共培养了54名心理学博士，这些人后来成为美国各大学的心理学系主任或知名学者。除了教学、研究之外，铁钦纳并不像冯特一样，毫无业余生活，将所有的时间和精力都用在心理学研究上，铁钦纳有不少业余娱乐，当然，这并不影响他在心理学上的成就。

铁钦纳精通音乐，曾经担任康奈尔大学代理音乐教授，他经常在家里举行小型音乐会。他喜欢收集钱币，还喜欢学习各种语言，除了掌握英语、俄语等现代语言外，他还学习了古汉语和阿拉伯语这样冷僻而困难的语言。因此，铁钦纳的著作量比不上他的老师，除了《心理学纲要》《心理学入门》和四卷的《实验心理学》之外，其余都是论文和评论。他曾经翻译冯特的《生理心理学原理》，他翻译第三版时，冯特写好了第四版，当他翻译第四版时，冯特又出了第五版——师徒二人好像在竞赛谁更勤奋一般。

斯坦利·霍尔也是将德国的心理学思想带回美国的传播者之一。他出生在美国马萨诸塞州艾士非的乡村，曾在莱比锡大学接受冯特的实验心理学训练。据他自己回忆，在莱比锡心理学实验室时，他是一个老老实实的学生，冯特布置的实验他都做了，只可惜，这些训练并没有影响他未来的研究方向。

回国后，他在詹姆斯的指导下完成了关于空间肌肉知觉的论文，获得哈佛大学心理学博士学位，成为美国第一位心理学博士。后来，他在约翰·霍普金斯大学设立了心理学实验室，同时是美国心理学会的创立者。

霍尔的研究兴趣在发展心理学，而不是实验心理学。他认为，实验心理学所能研究的问题太狭隘，于是，在接受了达尔文进化论和机能主义的观点后，开始致力于发展心理学的研究。霍尔摆脱了实验法，而采用观察法和调查法，研究个体从幼年、童年到青年、中年、老年的发展过程。

1904年，霍尔出版了《青年期》一书。在这本书中，他提到了"复演论"这一观点。他认为，个体心理的发展反映着人类发展的历史。生前的胚胎像蝌蚪一样生活在羊水里，代表着人类最初在水中生存；婴儿期只能爬行，象征着人类进化的猿猴时期；青春期情绪不稳，象征着人类进化进入混乱期；成年后身心成熟，代表人类进入文明期。

冯特给人的印象是对构造主义感兴趣的元素主义者，实际上，他的心理学研究要比人们普遍认为的宽泛得多，这也是冯特的儿子马克思·冯特说"大部分心理学教科书对我父亲的描述不过是一张漫画而已"的原因。由于冯特的研究非常严格，而且严重排他，比如，他反对以任何形式将心理学用于实际用途，所以当他最有才干的学生莫依曼放弃实验心理学转向教育心理学时，冯特认为他转向了"敌方"。

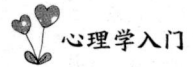

　　莫伊曼提出了"实验教育学"这一概念，主张应该用实验的方法来研究儿童的学习和疲劳等问题。作为实验主义运动的发起者，莫依曼对实验教育学的形成有重要贡献。不过，美国学者在实践方面走得更远，比如今天在教育中常见的智力测验和成绩测验，便是实验教育学的继续发展。

第二节 天上的北斗七星——格式塔心理学与格式塔疗法

马克斯·韦特海默，1880年出生在布拉格的犹太家庭，当时，布拉格尚处于奥匈帝国统治时期。他的父亲是一位私立商学院的管理人员，母亲是一位业余的小提琴手。少年时期，韦特海默在布拉格的一所天主教学校读书，学习希伯来语和犹太教律。10岁生日时，他收到的礼物是哲学家斯宾诺莎的作品选集，斯宾诺莎的哲学思想或多或少影响了韦特海默。

后来，他进入布拉格大学学习法律。奥地利意动心理学派的成员克里斯蒂安·冯·厄棱费尔那时在布拉格大学任教，韦特海默对他的课印象深刻。1902年，韦特海默转学到柏林大学，跟随斯顿夫学习哲学和心理学。1904年，他进入符兹堡大学，在屈尔佩的指导下写成论文《侦察罪犯的语词联想方法》，获得哲学博士学位。此后六年间，他曾在维也纳、柏林、符兹堡、布拉格等地的心理学、生理学机构工作过。他一边工作，一边对语词联想技术进行实验，用实验心理学的方法研究失语症。

1910年夏季，韦特海默在前往莱茵河度假的车上发现了一个前人注意到的现象——窗外的树木、小山、建筑物似乎在跟着火车一起运动。为什么会出现这种现象呢？韦特海默决定中止度假，先搞清楚这个问题。他在法兰克福下车后，买了一个玩具动景器，在旅馆房间里进行实验。第二天，他将这项研究带入了法兰克福大学的舒曼心理研究所，可惜，舒曼也

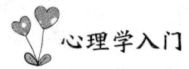

无法解答这个问题。舒曼建议韦特海默自己寻找答案,并将他的实验室和仪器借给了韦特海默。在那里,舒曼的同事——苛勒和考夫卡成了韦特海默的观察者,后来他们三人一起诠释了格式塔心理学学派的原理。

他们借助于速示器,将 a、b 两条发亮的直线先后投射在黑色的背景上。两条线间隔时间为 200 毫秒或 2000 毫秒时,被试先看见 a 线,后看见 b 线,没有看到运动;当时间间隔变短,如 30 毫秒时,被试看到两条线同时呈现,但没有看见运动;当时间间隔在两者之间,如 60 毫秒时,被试报告称,a 线向 b 线移动,或只看见运动,没有看见线。这种现象就是似动。似动原理在生活中最普遍的应用就是电影。胶片上的图像都是静止的,由于两张胶片先后出现的时间间隔较短,给人一种运动的错觉,观众就可以看到荧幕上活动的人物了。

在韦特海默之前,已经有人研究过似动现象。不过,前辈心理学家对似动的解释各有不同:有的人认为是眼球运动造成的;有的人认为是由于后像的混合;有的人则认定是由于联想,某些感觉元素先出现,当这些元素综合起来,就构成了运动知觉。

韦特海默利用实验心理学将这些现象一一排除。实验证明,眼球运动时间至少需要 130 毫秒以上,60 毫秒内不可能产生眼球运动。由于眼球没有运动,后像混合说也不能成立。根据被试的报告,他们观察到的现象是,一条线在移动,或者只看到移动看不到线,是两条线产生的运动的知觉。因此,韦特海默认定,这种运动知觉是一个"格式塔",不能解释为感觉元素的联合。

后来,三人将他们观察到的似动现象,即把一个实际上静止的刺激知觉成一种特殊的运动形式,以及四处搜集到的支持自己观点的研究总结成研究成果发表,即 1912 年发表的论文《关于运动知觉的实验的研究》。由于其影响巨大,被看作格式塔心理学诞生的标志。

第一章
作为一门科学的心理学——心理学简史

"格式塔"是德文"Gestalt"一词的音译,意思为"形式""形状",是指动态的整体(dynamic wholes),在心理学中用这个词表示的是任何一种被分离的整体,因此,格式塔心理学也被译为完形心理学。根据格式塔心理学家的观点,对日常世界的知觉被人们主动地组织成一个整体,就像夜空中的北斗七星。

韦特海默采取了胡塞尔现象学的观点,主张在观察心理学现象时保持现象的本来面目,不要将它拆分为感觉元素,现象的经验是一个整体。由于格式塔体系最初是在柏林大学的实验室完成的,因此也被称为柏林学派,代表人物包括韦特海默、苛勒、考夫卡。

1912年,对于冯特的构造主义心理学来说,是一个到处都是挑战的年头。在美国,行为主义对构造主义进行猛烈抨击,与此同时,在德国,格式塔心理学也开始讨伐构造主义。为此,构造主义学者讥讽韦特海默等人说,格式塔心理学不过是"砖块和灰泥心理学"——用如同灰泥的联想过程将心理元素的砖块黏合起来,构成心理大厦。开始时,行为主义和格式塔"同仇敌忾",到后来,他们也互相对立起来。根本分歧在于,行为主义完全不讨论意识,甚至不承认意识的存在;格式塔承认意识的价值,但是不同意将意识分解为元素。

心理学家乔治·米勒曾经举过一个例子,用来说明格式塔心理学和构造主义之间的区别:当你走进心理学实验室,桌子上放着一本书,构造主义心理学家会说"它的封面是一个暗红色的平行四边形,下面有一条灰白色的边,再下面是一条暗红色的细线";格式塔心理学家则会说"那是一本书,是直接得到、不容置疑的知觉事实。任何人在应该看见书的地方看见了暗红色的斑点,那么他就是一个病人"。

"一战"期间,韦特海默在军队进行声源检听的设计研究,战争结束后,他来到柏林大学,后来出任法兰克福大学心理学系主任。1933年,

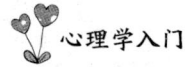

韦特海默被撤销了大学职务，被驱逐出德国，他带着家人迁居捷克斯洛伐克，在英国谋职未果，后来定居美国，在被称为流亡大学的纽约社会研究新学院工作——这所研究机构收纳了170多位来自法国的学者、科学家和他们的家人。

韦特海默一生的著作不多，但是对格式塔心理学的发展有很大影响，"格式塔心理学"这一术语就是他首创的。他从直观的角度、从整体到部分来理解心理现象，并且将整体结构的动态属性看作心理现象的本质。他还试图用动态交互作用解释神经活动和知觉间的关系。在最后十年中，韦特海默将完形理论拓宽到许多新的领域中。

格式塔心理学三剑客之一的考夫卡随后也移居美国，加入史密斯学院。

在接管柏林大学心理学研究所十年后，苛勒开始为了反纳粹而斗争，他写文章批判纳粹的统治，在公开场合发表他反对民族社会主义的观点。1933年，他到哈佛大学演讲，哈佛的哲学家们希望他能够留任，但遭到了心理学系主任波林的反对——闵斯特伯格的错误不应该再次发生。1935年，苛勒被命令发誓效忠希特勒，他选择了拒绝，遂辞去教职，开始了他的流亡生涯。

由似动现象，格式塔心理学家们认为，心理现象未必反映物理刺激的事实；物理刺激是客观存在，而心理现象则是经由个人对之加以选择与组织后的反应，也即"客观的主观"。格式塔心理学很重视心理学实验，他们在知觉、学习、思维等方面开展了大量的实验研究，这些研究也为后来的认知心理学的发展奠定了基础。

格式塔心理学主要研究知觉和意识，探究知觉、意识的心理组织历程。格式塔学派认为，心理意识活动都是先验的完形，是先于人的经验而存在的。人所知觉的外界事物和运动都是完形的作用。格式塔学派主张人脑的运作原理是整体的，"整体不同于其部件的总和"。比如，人们对一朵花的感知，并非单单从对花的形状、颜色、大小等感官资讯而来，还包括我们对花过去的经验和印象，加起来才是我们对一朵花的感知。

作为格式塔心理学派的代表之一，考夫卡在他的《格式塔心理学原理》一书中提出了"心物场"（psychophysical field）和"同型论"（isomorphism）的概念。他认为，观察者知觉现实的观念是心理场（psychological field），被知觉的现实是物理场（physical field）。心理场和物理场并不是一一对应的关系，人的心理活动则是两者结合的结果。

格式塔疗法并不是格式塔心理学家们开创出来，用于心理学治疗的方法；相反，是一个和格式塔心理学没有什么关系的人发展的心理治疗方法。这个人就是弗雷德里克·皮尔斯。

1893年，皮尔斯出生在德国柏林一个中产阶层犹太家庭，他是三个孩子中最小的一个。皮尔斯小时候给父母惹了不少麻烦。上中学时，他两次留级，后来还因为不服管教被学校开除。1913年，皮尔斯进入弗莱堡大学学习法律，后转学医学。"一战"爆发后，他成了一名医疗志愿者。从战场上回来后，获得柏林大学精神病学的医学博士学位。1926年，皮尔斯进入法兰克福脑损伤士兵研究所，担任科特·戈德斯坦的助手。

戈德斯坦是著名的神经病学家，也是人本主义心理学的先驱，这座研究所就是他建立的，主要进行脑损伤后遗症的研究。受戈德斯坦的影响，皮尔斯从整体的观点来看待脑损伤的士兵，研究士兵对自己和环境的知觉，他将人看作一个整体，而不是各部分各自发挥功能的总和。在那里，他还遇到了人生中有重要意义的人——劳拉·波斯纳，他未来的妻子，一个接触过格式塔心理学的心理学家。

1933年，随着纳粹的兴起和希特勒上台，皮尔斯的家庭受到迫害，他的大姐在集中营中丧生。后来皮尔斯离开德国前往荷兰，一年后移居南非。在那里，他结识了《整体说和进化》一书的作者史墨兹，此人对皮尔

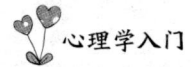

斯也有影响。在南非居住 12 年后，皮尔斯最终移居美国。

1952 年，他和古德曼、妻子劳拉共同创办了纽约格式塔治疗研究所。此后，他不断出访不同的国家和城市，分别在迈阿密、旧金山、洛杉矶、以色列、日本和加拿大等地建立格式塔治疗培训中心。皮尔斯对心理学最大的贡献就是发展出一种新的心理治疗方法——格式塔疗法——一种非解释性、非分析性的心理治疗方法。

格式塔疗法，又称为完形治疗法，主要通过引导病人对自己的观察和体悟，进行自我治疗。在格式塔疗法中，"觉察""责任""自由选择"构成一个三角关系。觉察力越强，自由的可能性就越大，同时越能为自己做的选择负责。这种说法有些存在主义的味道，但又不完全如此，其他一些名词，如"投射""内化""压抑"等，则是来自精神分析。

可以说，格式塔疗法受许多学派的影响。拿精神分析来说，弗洛伊德将人看作机械的、功能性的，皮尔斯则强调从整体的观点看人格，人的每一部分都和整体联结；另外，弗洛伊德只关注个体在儿童时期被压抑的心理冲突，皮尔斯则强调个体目前处理的情境。如果以了解自我为目的，了解一个人现在如何表现，要比注意他为什么这样更重要。

格式塔疗法强调完形。皮尔斯认为，人类最大的问题就是将自己分割得支离破碎。在这种破碎的状况下生活，就会生出许多矛盾、冲突和痛苦。格式塔疗法看重人的整体性，极力促使来访者达到情绪、认知和行为方面的整合。在人性方面，格式塔疗法强调接纳真实的自己，不受他人期待、判断和曲解的操纵，以自己所想的、所要的来表达自己。

格式塔疗法的核心是自我觉察，包括对自我的觉察、对环境的觉察、对自我与环境互动间的觉察。个体是具有自我调整能力的，一个人如果能够充分觉察自己，感觉到自己正在做什么，感觉到自己的思想、动作等，必然会发生改变。也就是说，觉察本身就具有治疗的效果。

受存在主义观点影响，皮尔斯认为，过去的已经过去，未来尚未到来，只有此时此刻是存在的，只有此时此刻最重要。留恋过去的人就会逃避体验现在，因此，当接待来访者时，他经常问"what"和"how"，很少问"why"。不停地追问原因只会让来访者对过去进行合理化解释，甚至自我欺骗。

格式塔疗法主张，通过知觉此时此刻的身体状况，认识到被压抑的情绪和需要，将人格中分裂的部分整合起来，改善不良的适应。他曾经记录了一个治疗小组的进展情况，其中一位名叫卡尔的成员说起他反复出现的一个梦：他被半埋在沙漠中，月亮从天空照下来，火车就从他身边穿过。梦中的他听到了火车的汽笛声，看到车厢向着远方无限延伸。此时他非常害怕，觉得自己要死了。

皮尔斯用他的格式塔疗法对卡尔进行了治疗。他请卡尔参加精神剧院，将他在梦中见到的场景表演出来。首先，他变成了一片沙漠，后来他又扮演火车，最后扮演铁轨。沙漠让他感觉到死亡；驶向远方的火车让他感觉没有目的地，没有家；躺在地上的铁轨让他感觉生命正在消逝。

当卡尔在皮尔斯的指导下编出火车和铁轨的对话时，卡尔想起了他的母亲。原来，他的母亲对他非常严厉，约束着他，使他不敢表露出最真实的性格。梦的信息在这时得以显露，卡尔想要母亲接受这样的自己，让他过自己的生活，同时，他想要离开母亲，发挥自己的本性。按照皮尔斯的说法，梦境本身已经说明卡尔准备挣脱母亲的束缚，格式塔疗法只是帮他寻找独立的意志力。这种治疗颇有精神分析的色彩。

格式塔疗法虽然经常被认为起源于格式塔心理学，实际上，两者的关系微乎其微。格式塔治疗的方法发表于1951年的《格式塔治疗：人格中的兴奋和成长》一书，书的三位作者皮尔斯、赫夫林和古德曼都没有格式塔心理学的背景。皮尔斯是一位神经病学家，赫夫林是行为主义学派的心

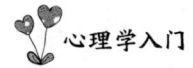

理学家，属于斯金纳派，古德曼则是一位诗人、剧作家和社会评论家。

不过，皮尔斯喜欢使用顿悟、闭合等格式塔心理学的术语，他宣称格式塔疗法和格式塔心理学之间有历史渊源，不过很快就遭到反对，他本人也从来没有被格式塔心理学家接纳——他曾经将一本关于格式塔疗法的小册子样稿送给苛勒，没有得到苛勒的承认。他还将这本书献给了韦特海默，可惜韦特海默生前并没有看到。不过有人猜测，幸好韦特海默没有看到，否则他会勃然大怒的。

一位格式塔心理学的继承者批评皮尔斯说，他不过是从格式塔心理学那里拿了几个术语，然后将含义扭曲，和存在主义、精神分析等结合起来，形成含糊不清、互不相容的内容，再给它起个名字叫格式塔疗法。"格式塔疗法"，这本身就是一个容易引起误解的题目。当然，也有人不是像苛勒那样对皮尔斯的做法提出了尖锐的批评，而是给予了相对温和的评价——格式塔心理学和格式塔疗法都对知觉感兴趣，格式塔心理学对后来的认知科学起到了奠基作用，格式塔疗法也影响了后来以经验为基础的心理学治疗观念。

第三节　打开潜意识的大门——精神分析学派

提到精神分析，必然要先从弗洛伊德说起。

弗洛伊德是精神分析学派的创始人，同时还是一位思想家，他对西方思想和文化的影响是无法取代的。时至今日，哪个国家的人都能随口说出"潜意识""童年经验"之类的精神分析术语，自由联想、催眠、释梦也成为经典的心理疗法之一，而这一切，都来自弗洛伊德。

西格蒙德·弗洛伊德，出生在奥地利一个犹太人家庭，4岁时全家迁往维也纳，在那里，弗洛伊德求学、娶妻、生子，生活了八十多年，一直到1938年，由于德国纳粹的入侵而不得不前往伦敦避难。

17岁时，弗洛伊德考入维也纳大学医学院，大学期间，他曾经做过布伦塔诺和布吕克的学生，他将时间都花费在学习生物学、医学、病理学、外科手术等课程上。1881年，他如愿获得医学博士学位，之后打算进入大学从事神经医学的研究，可惜因为犹太人的身份未能如愿，只好在内斯特·布吕克的实验室里从事理论研究。

1882年，弗洛伊德爱上了他妹妹的朋友马莎·伯莱斯。伯莱斯比弗洛伊德小5岁，出身汉堡一个颇有名望的犹太家庭，当时也居住在维也纳。他们很快订婚了，因为弗洛伊德当时没有实际的收入，他们的婚期只能一拖再拖。弗洛伊德觉得自己不能再继续待在实验室做理论研究了，而

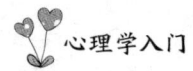

应该做一些实际的工作。后来,在布吕克的建议下,他离开了生理实验室,进入维也纳综合医院工作,在那里,他先后做过外科医生、内科实习医生,于1883年转到精神病治疗所任副医师。

1885年,在布吕克的推荐下,弗洛伊德获得一笔留学奖学金,他得以前往巴黎向沙可学习催眠。当时,欧洲用催眠治疗精神病最有名望的两人,一个是沙可,一个是伯恩海姆,他们分别是巴黎学派和南锡学派的领导人。弗洛伊德在巴黎学习了四个半月,这段时间成为他一生事业的转折点。

沙可的癔症研究让弗洛伊德的兴趣从躯体转到了心理,回到维也纳后,他将自己在巴黎的见闻写成报告提交给医学协会,可惜受到冷落。这是弗洛伊德的研究第一次被忽视,却不是最后一次,他此后的工作在很长时间里都遭遇了相同的命运。1886年,他终于能够和马莎·伯莱斯结婚,二人婚后育有三男三女,最小的女儿安娜·弗洛伊德后来也成为著名的心理学家。婚后不久,由于经济原因,弗洛伊德以神经病学家的身份私人执业。

在维也纳综合医院期间,弗洛伊德曾经跟随约瑟夫·布洛伊尔学习催眠疗法,他们合作治疗了一名叫安娜·欧的歇斯底里症患者。从布洛伊尔那里,他学会了宣泄疗法。后来弗洛伊德去巴黎,还曾向沙可提到过他和布洛伊尔诊治的那位安娜·欧小姐,提到了让病人在催眠中恢复痛苦记忆的宣泄疗法,不过没有引起沙可的注意。弗洛伊德独立行医之后,尝试着对癔症病人使用催眠疗法,效果不甚明显。1889年,他前往南锡,向与沙可齐名的催眠专家伯恩海姆求教,当时,他正在使用布洛伊尔的宣泄法治疗病人。

三年后,弗洛伊德通过观察病人痛苦的记忆,发现痛苦记忆中占主要地位的是那些无法实现的愿望,于是,他提出了"压抑"这个概念,这是精神分析学派中一个非常重要的术语。1895年,他和布洛伊尔合著了《癔症研究》,这是一本划时代的著作,此时,他已经放弃催眠术,使用"自由联想"法。

在治疗病人的同时,他将研究结果写成论文向医学团体宣读,可是反应依旧非常冷淡,人们将他看作怪人。1900年,弗洛伊德发表了《梦的解析》。这本书探讨了过去人们讨论过的梦境问题以及形成梦的复杂机制。压抑、浓缩、移位、倒错、润饰等词语频繁出现在这本书中,他认为心理动力来自那些不能实现的愿望、欲望或冲动。

《梦的解析》发表后的5年间,弗洛伊德很少写作。1904年,他出版了《日常生活中的精神病理学》,这是他所有著作中流传最广的一部。这本书探讨了生活中常见错误背后的心理机制,比如遗忘、失言、笔误、错放东西等。弗洛伊德的一些观点今天已经被人们广泛接受。

1905年,他出版了三本重要的著作,分别是篇幅较长的《多拉的分析》、研究无意识动机表现机制的《玩笑及其与无意识的关系》和最具争议的《性学三论》。《性学三论》里论述了许多新奇但又耸人听闻的理论,比如,他将成人性变态看作幼儿性作用的畸形产物。多年备受冷落的弗洛伊德终于凭借这本书引来了众人的关注,不过,人们反馈给他的是强烈的愤慨、谴责和嘲笑。终于,他成为各国科学界都不欢迎的人,以后多年,他继续遭受各种辱骂和攻击,就像之前所有时代的先驱者一样。

弗洛伊德内心也很郁闷,但他没有浪费时间和不同意见者打笔墨官司,他的回应态度和达尔文一样——不断拿出新的证据。1906年,《精神分析运动史》出版。弗洛伊德用这本书说明了他和阿德勒、荣格等人所提理论的区别。

1885年到1910年,是弗洛伊德事业的高峰期。他将性动力放入了癔症研究当中,同时发现了通往潜意识的康庄大道——梦境。进入20世纪后,他还发展了自己的人格理论,提出了最具争议的"俄狄浦斯情结"和"厄勒克拉特情结"。这些理论和研究的频频发表吸引了无数的追随者,

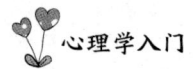

这些人将弗洛伊德看作老师和先知。1902年,弗洛伊德定期邀请年轻的同事和朋友探讨正在从事的研究,他们称这个团体为"星期三心理学研究组",这就是维也纳精神分析协会的前身,这些人当中包括阿德勒和斯泰克尔。

慢慢地,弗洛伊德的名声越来越大,他被邀请到克拉克大学做演讲,许多美国病人慕名而来要求由他治疗。虽然在"一战"期间,食物减少、缺乏暖气供应,以及存在生活上的一些其他麻烦,这让弗洛伊德遭遇了很大的困苦,战后奥地利货币的贬值使他的积蓄丧失殆尽,迫使他不得不奋力抗争,避免破产;但总体来说,他终于等到了世人对他的肯定。

1923年春天,弗洛伊德患上了口腔癌。10月,他做了一次手术,上颚的一边被全部切除,他不得不安装又大又复杂的假牙。此后16年间,弗洛伊德因为这个病吃了不少苦头,历经33次手术、无数次痛苦的治疗。他继续写作的计划没有因为疾病而中断,1925年后,他先后出版了《抑制、症状和焦虑》《幻觉的未来》《文明及其不满》等作品。

然而,当纳粹兴起时,一切变得不再乐观。弗洛伊德曾经相信,德国人完全可以遏制纳粹运动,他的理由是:一个产生歌德的民族是不可能堕落的。事实证明他太乐观了。1933年,纳粹党人开始迫害犹太人,弗洛伊德的研究工作受到打击。德国许多支持他的人被迫逃亡,他的著作也在柏林被当众焚烧。

他曾经为了出版精神分析学派的书籍开办了一家公司,此时,公司的大部分存书在莱比锡被没收,在德国的销路完全断绝。弗洛伊德一直坚持到1938年,德国入侵奥地利。纳粹烧毁了他的私人图书馆和维也纳精神分析协会的图书馆,这时,弗洛伊德还不忘开玩笑说,"如果在中世纪,他们会把我烧掉,如今他们烧掉我的书就满足了"。后来,出版公司的房产被纳粹没收,他本人也不得不像其他犹太人一样,要么逃走,要么等待

第一章
作为一门科学的心理学——心理学简史

厄运临头。

弗洛伊德本不想离开，关键时刻，欧内斯特·琼斯——英国宪章运动左翼领袖之一、弗洛伊德的传记作者——来到了维也纳，劝他迁居英国，当时，英国的内务大臣也准备为他和他的家人提供帮助。在伦敦短暂停留后，弗洛伊德搬到了汉普斯特德的梅尔斯菲尔德园20号，他最后的日子就是在这里度过的。

在英国，他接受了最后一次手术，也是最大的一次，第二年，他的癌症复发，而且已经无法继续手术了。弗洛伊德最后在伦敦去世，去世之前的一个月，他的生活依然是撰写文章，接待来访者。弗洛伊德去世后，他的女儿安娜一直住在这栋房子里，直到去世。根据安娜的遗愿，这栋房子被改造成博物馆对公众开放。

在弗洛伊德博物馆，后人可以看到一个更加真实的弗洛伊德。通常人们从照片上识别弗洛伊德，然而，照片中的他一脸严肃、表情凝重、不苟言笑，给人一种拒人于千里之外的感觉。实际上，他是一个非常幽默、非常机智的人。他经常将心理学观点带到故事中，他在《玩笑及其与无意识的关系》中写了这样一则故事：医生问一个年轻病人："病情是否和手淫有关系？"病人一定会回答说："O, na, nie！（呵，不，从没有！）"在德语中，"onanie"就是"手淫"的意思。

阿弗雷德·阿德勒，出生在维也纳郊区一个中产阶级家庭，犹太人。阿德勒的童年生活并不快乐，而是笼罩在浓重的死亡阴影下。阿德勒自小就患有软骨病，这导致他4岁才学会走路，身体无法活动自如，也不能参加体育活动。5岁时，他因车祸被轧伤，并再次遭受疾病侵袭，险些丧命。在身体健康的哥哥面前，阿德勒自惭形秽，感到自己样样都比不上他。

童年的经历让阿德勒产生了做医生的信念，尽管刚进入学校读书时，他的成绩很差，不被老师看好，但他最终还是考入了维也纳大学，获得了

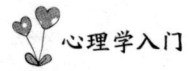

医学博士学位，成为一名眼科和内科医生。很快，他开始对心理学以及精神病理学产生兴趣。弗洛伊德的《梦的解析》出版后，阿德勒阅读了这本书，并对弗洛伊德的理论产生兴趣。《梦的解析》一书当时备受诟病，阿德勒因为在报刊上撰写文章为弗洛伊德辩护，被弗洛伊德邀请到"星期三心理学研究组"，成为弗洛伊德的同事之一。

阿德勒智力出众，又颇得弗洛伊德的信任，"星期三心理学研究组"正式成为维也纳精神分析协会后，阿德勒被弗洛伊德推荐接替他的职位，并负责该会会刊的编务工作。好景不长，阿德勒和弗洛伊德的关系很快出现了裂隙，不仅因为弗洛伊德将阿德勒看作自己的弟子、门徒，不能忍受他忤逆自己的行为，而阿德勒只是将弗洛伊德当作同事，根本原因在于他们对心理学的不同观点。

阿德勒在报刊上发表与弗洛伊德意见相悖的论文后，弗洛伊德大发雷霆，当阿德勒不断阐述自己的观点，逐渐建立起独立的心理学体系时，两人之间的矛盾彻底激化。最终，阿德勒辞去了维也纳精神分析协会的主席职位，带着他的追随者组织了"自由精神分析研究会"。为了避免因使用"精神分析"这一名词可能引起的误会，该组织后来改名为"个体心理学学会"，后人则将阿德勒的心理学体系称为"个体心理学"。后来，阿德勒将自己的理论和儿童教育结合起来，在维也纳三十多所中学内开办了儿童指导诊所，这些诊所为他赢得了国际声誉。

阿德勒和弗洛伊德的不同理念来自多个方面。首要就是阿德勒无法认同弗洛伊德的泛性论，在他看来，人格发展的动力并非来自力比多，而是来自战胜自卑和追求优越。他认为，每个人在幼儿时期都会形成一种生活模式，根据这种模式形成生活目标，也可以说是心理发展的方向。每个人的生活模式不同，因此每个人的生活目标也不同，方向也不同，心理学研究的便是每个人的特殊心理经验。

人格发展的方向可能是一条直线,也可能出现转折或改道。人格按照直线发展,儿童成年后便会进取、勇敢,比较乐观;如果出现转折或改道,人格发展就会出现另外一种情况。于是,阿德勒将人分成两种,乐观主义者和悲观主义者,或者称为攻击者和防卫者。直线模式发展出乐观主义者,曲折、改道的模式发展出悲观主义者。此外,由于童年经验而形成的自卑情结也会导致悲观主义者。阿德勒将睡眠也看成是个人发展的标准,一个人会因为害怕危险发生而睡得不安稳,这种人对睡眠都抱着敌视的态度,显然是悲观主义者。

人的自卑是与生俱来的,人在婴幼儿时期,生理、心理、社会方面都处于劣势,只能依赖成年人生存,由此必然产生自卑感。大多数情况下,这种自卑都是正常的反应,可以驱使人实现自己的潜能。自卑促使人们去克服自卑,追求成功,是人格发展的动力。如果被自卑压倒,就会产生自卑情结,导致心理疾病的产生,如神经症。

追求优越是对自卑感的补偿。追求优越有两种不同方法,一种人只追求个人优越,很少关心他人;另一种人则追求优越、完善的社会,力求每个人都获得益处。追求优越也是两面的,适当地追求,可以促进个人发展,对社会有益;如果过分追求,就容易走极端,产生优越情绪,表现出自我中心、自负、忽视别人和社会习俗的行为。

个人追求优越目标的生活方式便是生活风格。儿童在5岁左右就形成了生活风格,并且因人而异,其后的家庭关系、生活条件和经验会决定儿童一生的生活特点。从以下三个方面可以理解一个人的生活风格。

第一是出生顺序。在家庭中,父母的教养方式、关注多寡会因为孩子的出生顺序而不同,同胞兄弟姐妹会为了争取父母的关注而竞争。通常情况下,长子聪明、有成就需要,但是害怕竞争;次子有强烈的反抗性;最小的孩子懒散,难以实现抱负。独生子女的性格和长子类似。第二是早期

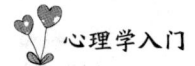

记忆。个体对早年生活的记忆能帮助人们了解其个性。第三,从梦境和社会兴趣也会看出一个人的生活风格。

社会兴趣,这是阿德勒衡量一个人心理是否健康的标准。社会兴趣是人性中的一部分,是指个体对所有社会成员的感情,表现为个体并非为了个人利益与他人合作。个体社会兴趣的发展情况,可以从职业、参与社会活动、爱情婚姻三个方面来衡量。缺乏社会兴趣的人会产生错误的生活风格,一是优越情结,二是自卑情结。

根据社会兴趣表现出来的特点,阿德勒将人分成四种类型:统治—支配型、索取—依赖型、回避型和社会利益型。统治—支配型的人,喜欢支配和统治别人,缺乏社会意识,很少顾及别人的利益,为了达到自己的目的,不惜利用或者伤害别人。索取—依赖型的人相对被动,很少主动努力解决自己的问题,依赖别人的照顾。回避型的人缺乏解决问题的信心,不愿意面对生活中的问题,试图通过回避困难来避免失败。他们关注自己,爱幻想,在幻想的世界里感到优越。社会利益型的人能够面对生活,与人合作,为他人和社会服务贡献自己的力量。这类人通常来自关系良好的家庭,家庭成员互相帮助、支持,人与人之间互相理解和尊重。这四种类型中,只有社会利益型的人具有正确的社会兴趣和健康的生活风格。

生活风格和自卑感有密切联系,如果儿童有生理上的缺陷,或者主观上有自卑感,他的生活风格就会趋向于补偿这种缺陷或自卑感。比如身体赢弱的儿童,就会通过跑步、举重等方式增强体质,这些行为就成为他生活风格的一部分。

不良生活风格也是有源可寻的。生理上的自卑会激起补偿的努力,极端的时候会出现过度补偿的情况,同时也会导致自卑情绪。被自卑压倒的人不能追求成就,往往一事无成。父母过分宠爱、溺爱的儿童容易变得自私,缺乏社会兴趣。被父母忽视的儿童则感到自己没有价值,同时以愤怒、怀疑的眼光看待别人。

个体心理学以临床观察的经验为基础，抛弃了弗洛伊德的泛性论，可谓是一大进步，不过，它也不是没有局限。个体心理学理论体系中非理性的成分多一些，对人的社会性看得比较浅薄、主观而片面，不过，阿德勒从社会学的角度看待心理学，同时提出了整体研究的方法，对心理学发展有重要贡献。

如今，精神分析和弗洛伊德已经家喻户晓，然而，分析心理学与卡尔·荣格对大多数人来说依然是一个神秘而陌生的名字。或许有人听过"性格决定命运"这句话，却不一定知道说这句话的人正是荣格。

在现代心理学中，分析心理学和精神分析齐名，而且被看作对弗洛伊德经典精神分析的超越。尤其是近年来，分析心理学成为后现代心理学的先锋，现代心理疗法中的艺术治疗、游戏治疗，如果要追溯思想根源，都可以追溯到分析心理学的理论。

荣格是一位来自瑞士的心理学家，和阿德勒一样，荣格也是在看了弗洛伊德的《梦的解析》之后对精神分析感兴趣的。他和弗洛伊德的第一次会面十分令人难忘。他们在维也纳见面，或许是相见恨晚的缘故，两人足足交谈了13个小时。弗洛伊德很器重荣格，希望这个"亲爱的儿子"能够继承他的事业——弗洛伊德这种如父亲般的权威的确让很多人都受不了。荣格最终也和弗洛伊德决裂，一方面由于学说分歧，另一方面则是不想继续当一个听话的孩子，毫无独立见解地接受弗洛伊德的理论。

和弗洛伊德决裂对荣格来说是一个很大的打击，为此他忧郁多年，严重时曾在家中见到幻象。这期间他到处旅行，阅读大量书籍，其中包括中国古典文化典籍，如道家的《太乙金华宗旨》《慧命经》《易经》，藏传佛教的《中阴闻教救度大法》以及禅宗的一些理论著作。此外，他还着迷于西方的炼金术。在中国的道教、禅宗和西方的炼金术之间，荣格找到了自我与无意识之间的关系，最终，他的思想结晶汇总到《心理类型》一书中。

他在《心理类型》中论述的观点既不同于弗洛伊德，和阿德勒也没有共通之处。慢慢地，他将所有的理论汇总，逐渐形成了区别于经典精神分析的分析心理学。荣格将人格称为"心灵"，心理学则是研究心灵的知识。心灵包含人所有的有意识、无意识的思想、情感和行为。作为整体的人格则是由意识、个体无意识、集体无意识三个层次构成的。

荣格认为，人的心灵包含有意识的自我和无意识。有意识的自我是靠自己而连续发展的，但自我只是整体心灵的一部分，无意识才更有影响力。如果有意识的自我和无意识相矛盾，就会产生精神病症，如恐惧症、恋物癖或忧郁症。此外，无意识又分为个人无意识和集体无意识。

个人无意识包括个体的情结——一切被遗忘的记忆、知觉以及被压抑的经验。它形成于婴儿、幼儿时期。个体无意识会以"情结"的方式表现出来。情结就像是一组一组难以解开的心理丛，它会顽固地占据人的心灵，使个体无法思考其他事情，通常本人无法意识到。

荣格曾经用语词联想的方法来测验情绪的生理表现。将词汇表上的词语一次一个地读给病人听，要求病人在听到打动自己的词时做出反应。如果病人犹豫不决，花了很长时间才做出反应，或者他在做出反应时流露出某种情绪，证明那个词已经触及病人的情结。

集体无意识则是人类在千百年来的发展中留下的共同的特征，这也是荣格最伟大的发现。集体无意识是一种与生俱来的知觉、情感、行为等心理要素，推动个体和社会文明的发展。集体无意识通过原型构成，以原始意象的方式表达。

人从人类祖先、前人类祖先和动物祖先那里继承了原始意象，本人并不一定意识到这些意象的存在，但是在做出反应时，会和祖先使用同样的方式，如人类对蛇和黑暗的恐惧。人类之所以会害怕蛇和黑暗，正是由于远古时期或者更早些时候，人类始祖就害怕它们，进化到今天的人类不需要亲身体验，就会对蛇和黑暗产生恐惧，是因为这些经验已经历经千万年，深深刻在大脑中了。当然，亲身体验过后，则会加强这种先天倾向。

荣格有关集体无意识的说法引来了许多批评。原因在于，他采用了获得性遗传理论作为论证的基础。获得性遗传理论认为，前人学习过的经验，后代可以通过遗传直接获得，不需要重新学习，这一经验会逐渐转变为本能。比如说，人类对蛇和黑暗的恐惧，正是通过一代人或几代人的学习后，直接遗传给后代的。

其实，他本可以采用一个更合理的途径来解释集体无意识。人类的进化是通过遗传物质的变异完成的，那些有利于个体适应环境，增强生存机会的变异更容易传递下去，反之，不利于个体适应环境、繁衍的变异则会被淘汰。集体无意识也可以如此。

当人类始祖被毒蛇伤害时，他对毒蛇的恐惧就会在大脑中产生"小心警惕"的变异，这种基因会通过遗传传递给后代，经过数代的传递，这种变异屡次被证明是有利于人类生存和繁衍的，于是，对蛇的恐惧以基因的方式传递下来。由于大脑是人类心灵世界最重要的器官，可以说，集体无意识的产生依赖大脑的进化。

荣格在心理治疗中发现，由于患者年龄不同，其心理疾病的原因和症状都有差异。于是，他提出了人的心理发展阶段理论，将人生划分为童年时期、青年时期、中年时期和老年时期。在人格发展方面，荣格则提出了内倾型和外倾型两种心理类型，内倾的人其心灵的能量向内走，而且是主观的；外倾的人其心灵能量向外走，与他人建立关系。内倾的人比较容易患上精神分裂症，外倾的人则容易患上躁郁症。

他将外倾、内倾与思维、情感、感觉、直觉相匹配，提出了八种人格类型，即外倾思维型、内倾思维型、外倾情感型、内倾情感型、外倾感

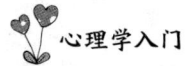

觉型、内倾感觉型、外倾直觉型、内倾直觉型。这种分类方法后来成为迈尔斯—布里格斯性格分类法（MBTI）的理论基础。美国心理学家凯瑟琳·布里格斯和她的女儿伊莎贝尔·迈尔斯在荣格的基础上对人的性格进行了进一步细分，共16种类型——心理能力的走向是外向还是内向；认识外在世界的方法是感觉还是直觉；做决定依赖的方式是理性还是情感；生活方式和处事态度是判断还是理解。

晚年时，荣格花了大量的时间研究亚伯拉罕诸教。他在著作《答约伯》中批判犹太教、基督教。荣格对基督教的强烈批判招来宗教界的反对和批评，他似乎并不在乎。为了解决现代人面临的精神困境，荣格隐居在苏黎世湖旁，在一座塔楼式住所中默默思考着。

第四节 意识是适应环境的机能——机能主义心理学

机能主义心理学，是第一个产自美国本土的心理学学派——构造主义和格式塔心理学都属于舶来品。机能主义讲究实用，认为意识是机体适应环境，达到生存目的的工具。詹姆斯在《心理学原理》一书中指出，"心理学是研究心理生活的科学，研究心理生活的现象及其条件"。不过，詹姆斯没有建立一个学派系统地阐述机能主义，机能主义心理学创始于约翰·杜威——一位百科全书式的心理学家。

机能主义心理学出现在美国，它的历史渊源可以追溯到欧洲早期的机能主义。德国的布伦塔诺提出了意动心理学，英国的沃德、司托特、麦独孤等反对联想主义、接受意动心理学思想的心理学家和法国沙可等人，都具有机能主义的倾向。美国的机能主义发端于芝加哥大学，其后在哥伦比亚大学又出现了独具特色的机能主义。

杜威出生于 1859 年，这一年，达尔文发表了他的巨著《物种起源》。杜威父母的家在美国佛蒙特州，佛蒙特州属新英格兰地区，那里的人们承袭了殖民区的传统精神，人们习惯自治，崇尚自由，笃信民主制度。杜威的父亲经营杂货生意，母亲比父亲小 20 岁。母亲是一位虔诚的基督教徒，受她影响，杜威也笃信上帝。杜威的家庭条件并不宽裕，但他也算得上快乐幸福。父亲对他没有过高的期望，儿子能够成为修理工他就很满意

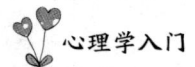

了；母亲相对有动力和期盼，正是因为她的坚持，两个儿子都上了大学。

小时候的杜威有些害羞，算不上绝顶聪明。他很喜欢读书，常被人称作书虫。可能由于大量阅读的缘故，杜威看起来严肃温和，头脑逻辑周密。16岁时，杜威进入佛蒙特大学，他选修了大量古典主义的课程，包括希腊文、拉丁文、解析几何及微积分等，并且轻松获得了好成绩。大学课程中，给他最大帮助的是最后一年的生物学课程，他从赫胥黎编著的教材中产生了对进化论和哲学的兴趣。

大学毕业后，杜威从事了一段时间的教师工作。23岁那年，他决定将哲学作为自己的终生事业。为了这个目的，在听说约翰·霍普金斯准备办一所研究生大学后，他带着从伯母那里借来的钱进入约翰·霍普金斯大学研究生班，跟着霍尔专心学习哲学。1882年，杜威第一次发表论文，他的三篇论文被刊登在全国唯一的哲学学术论文杂志上，这给了他很大的鼓舞。

在霍尔的指导下，杜威完成了博士论文，并获得哲学博士学位。尽管霍尔是他的导师，两人的关系却从来没有亲密过，多年后，有人提议邀请杜威回霍普金斯大学教授哲学，霍尔则认为，杜威根本无法胜任这项工作。

杜威获得哲学博士后，进入密歇根大学任教。在此期间，他撰写了一些论文和著作，但谈不上什么成功。十年后，他进入芝加哥大学，担任哲学、心理学和教育学系的系主任。工作的机会让他将这三者联系起来，他在那里发表了被视为心理学经典之作的论文《心理学中的反射弧概念》。受达尔文的影响，杜威强调心理和意识的机能。

杜威批评刺激—反应和感觉—观念这种二分法，他认为，反应和观念总是发生在某种机能背景下。他用的例子是儿童触碰烛火，这个例子之前被詹姆斯和洛克使用过。当儿童看到明亮的火焰时，会伸手触碰它，感觉到灼烧之后，将手缩回来。行为主义会将缩手行为看作对刺激的一系列反应，杜威则认为，在儿童看到火焰之前，必然存在一个整体的系列反应，一系列反应结束后，一些反应存留下来。疼痛的体验让儿童改变了触碰火焰的行为，今后，儿童可能再也不会用这种方式做出反应。

此外，杜威在刺激—反应中加入了背景，也就是说，行为看似是刺激引发的反应，其实还存在背景因素。比如一声突如其来的巨响会引发图书馆巡逻人员和学生的注意，但是他们会做出不同的反应，因为对于两种类型的人，或者说两种情境来说，同一刺激的心理价值是不同的。而且，有些刺激会落到个体的知觉阈限之外，根本不会影响其行为。因此说，刺激应该被看作心理事件，而不仅仅是来自环境的物理能量。

现代心理学的发展都是呈现某一个单独的领域，并在这一领域中独立地发展，因此很难出现一个整合的学科。杜威强调各个方面的联系，具有十分重要的意义。杜威不是那些用一种统一的形式来建立学术体系的人，按照他自己的话说，"我似乎是不稳定的和经常变化的，并相继屈服于许多各种各样的，甚至是不一致的影响"。他能够轻松地吸收其他人的思想，多种思想在他头脑中汇总之后呈现出来的结果往往令人难以理解。

在半个世纪的学者生涯中，杜威撰写了40本著作、700多篇论文，涉及的领域包括哲学、教育学、政治学、心理学、社会学、宗教学等，因此，杜威被称为百科全书式的伟大学者。他并不承认自己是心理学家，但这不妨碍他在心理学领域产生影响。晚年，杜威到哥伦比亚大学教书，直到退休。在那里他不再研究心理学，而是把心理学的思想应用到教育和哲学方面，宣扬他的实用主义哲学和教育学思想。

杜威是实用主义哲学的大师，他的哲学名言是"有用即真理"。他的实用主义哲学否定规律的客观性，只相信人的经验，认为人的经验就是真理的尺度。有用的就是真理，没有用的便是谬误。

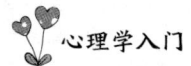

杜威的教育学理论影响很大,被称为现代教育之父。杜威发现,当时的美国并没有国家或者州级别的教育政策,教师由政府任命或者是学校当权者的朋友、亲戚,他们在看守学校,而非教导学生。教师通过体罚维持教育,学生只需要坐在课桌旁,等待老师点名就好。学生们像机器人一样学习规则,绝大多数教师不允许学生提问。

杜威无法忍受这种教育方式,他觉得这种教学无视个人价值和个性的发展,完全抹杀了儿童的潜能,教育的价值应该是充分发挥儿童的智慧,帮助其形成对社会的基本态度。教育不是将来生活的预备,而是儿童当下的生活。最好的教育就是从生活中学习,从经验中学习。教育并不是用外在的东西强迫儿童吸收,而是要使人类与生俱来的能力得以生长。杜威发展了卢梭的"自然生长"理论,认为生长不仅包括体格方面,还包括智力和道德方面。生长是一个整体,因此,教育不应当划分小学、中学、大学,同时,课程也是一个整体,不应该分科教学,而应该将课程综合起来。

他反对传统的知识灌输和机械训练的教育方法,主张让孩子从实践中学习。他提出了"教育即生活,学校即社会"的口号,强调个人的发展、对外部的理解、通过实验获得知识。学校是一个小型的社会,一是学习本身必须是一种社会生活,二是校内学习应该和校外学习联系起来,儿童应该出现在这个简化的社会雏形中,学会面对社会生活的技能。

但是,"学校即社会"并不意味着社会生活在学校里的简单重现。作为一个特殊的环境,学校应该能够将各方面的因素整合,将现存的社会风俗理想化,创造一个比自然环境更广阔、更美好的环境。

机能主义心理学的创始人是杜威,但是重要的代表人物是安吉尔和卡尔。安吉尔和卡尔都来自芝加哥大学,卡尔是安吉尔的学生和继承人,在卡尔的带领下,芝加哥大学的机能主义走入了成熟阶段。

安吉尔和杜威是老乡,都来自佛蒙特州。安吉尔早年在密歇根大学跟随杜威学习，获得文学学士后，安吉尔在杜威的鼓励下继续攻读哲学硕士。安吉尔对这位老师的评价非常高，他在自传中说："我深受约翰·杜威给予的最大恩惠。"

后来他进入哈佛大学，在詹姆斯的指导下，和闵斯特伯格一起在实验室工作，安吉尔最终获得硕士学位。后来，他在堂兄的建议下到德国、法国深造，先后进入莱比锡大学和哈雷大学，但是没有获得博士学位——原因是他在准备论文期间接到了明尼苏达州立大学的聘书，丰厚的薪水让他可以和订婚多年的未婚妻尽快结婚，于是他放弃了博士论文。

1894年，安吉尔和杜威同在芝加哥大学工作。1904年，安吉尔出版了《心理学》教科书，系统地提出了机能主义心理学的主张。他认为，心理学应该研究意识，意识是有机体适应环境的工具。他还阐述了意识的功能以及意识是如何在人类进化过程中发展起来的。

1907年，安吉尔发表了《机能主义心理学的领域》一文，阐述了机能主义心理学的基本概念：心理学属于生物科学类的自然科学，它的方法是内省；意识是适应环境的机能，心理学要研究的是意识对环境的适应功能。《机能主义心理学的领域》更进一步说明了机能主义心理学的主张，并列举出机能主义和构造主义的区别。

机能主义心理学和构造主义心理学正好相反，它研究的是心理操作，而不是心理元素；机能主义心理学不仅研究意识内容，还研究意识是怎样进行和为什么进行；机能主义心理学把心理过程看作有机体适应环境，以满足自身需要的过程；机能主义心理学研究意识过程及其反应，还研究心物关系，即探讨有机体与环境的关系。

安吉尔在研究中讨论行为问题，但也不排斥研究意识和使用内省方法——行为主义用实验的方法研究，而且绝对忽略意识过程。不过，安吉尔谈论的意识只是心理学的一个概念、一个形式，他更关注适应环境的机

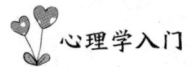

能。安吉尔的观点为行为主义打下了基础，几年之后，他的学生华生就发出了行为主义者的声音。此外，安吉尔主张心理学应该研究动物、儿童以及变态人的心理；他还重视应用心理学，如教育心理学、工业心理学、医学心理学等。

安吉尔在"一战"之后专注芝加哥大学的行政工作，后来他当选为卡内基股份有限公司的董事长。他离开芝加哥大学后，心理学系系主任这一职位由他的学生哈维·卡尔继任。卡尔不负众望，成为芝加哥机能主义心理学的继承人。

哈维·卡尔，出生在印第安纳州的一个农场里，高中毕业后，他在农场工作了一段时间，26岁时，他到科罗拉多大学注册。1901年，卡尔获科罗拉多大学学士学位和硕士学位，同年，卡尔作为研究生进入芝加哥大学，跟随杜威、安吉尔和华生学习心理学，最终在芝加哥大学获哲学博士学位，他的博士论文题目是《闭眼期间的运动视错觉》。短暂地受聘于纽约州布鲁克林学院后，卡尔又回到芝加哥大学，接替华生担任心理学助理教授，教授心理学导论、实验心理学和比较心理学的课程。此后，他一直在芝加哥大学工作，直到退休。

卡尔于1925年出版了《心理学：心理活动研究》一书，他的机能主义和安吉尔一脉相承。作为芝加哥大学机能主义的晚期代表，卡尔将安吉尔和杜威创立的机能主义心理学发展为一个完整的体系。卡尔将心理学的对象定义为心理活动，包括记忆、知觉、情感、想象、判断和意志等，心理活动的机能是为了获得经验，并利用经验来决定行动。

他认为，机能主义心理学就是美国心理学，它无所不包；而构造主义、行为主义、格式塔心理学和精神分析心理学都只涉及一个非常狭窄的方面——铁钦纳认为，心理学是研究世界的，而人位于这个世界中；卡尔则认为，心理学是研究置于世界中的人。

卡尔强调有机体对环境的适应，他对机能主义心理学的发展也体现在这里。他认为，适应性活动包括三个方面，分别是唤起有机体活动的动机刺激；感觉刺激；改变情境的反应，以便满足动机刺激。这一系列的反应会持续下去，直到动机刺激达到目标，获得满足。

关于心理学的研究方法，卡尔既承认内省，也承认实验法。他觉得实验法比较合乎理想，但是将其应用于真正的心理实验研究有些困难。实际上，芝加哥大学的很多研究用的都不是内省法，而是尽可能地用客观的控制来加以检验。卡尔领导的心理学系，既进行动物的研究，也进行人的研究。研究动物时，卡尔宣称自己是一个行为主义者；研究人时，他则反对这一说法，而用一种更灵活、更宽泛的方法。

机能主义在今天已经成为历史，不过，机能主义心理学对当代心理学有重要的影响。机能主义心理学的许多观点被后人所接受，比如心理学是实践的、应用的，应该用来解决日常生活中的问题；适应环境是一个人保持良好心理状态的前提。可以说，当代心理学家大多数是机能主义者，尽管他们并不会这样称呼自己。

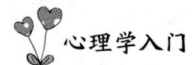

第五节　思维是肌肉的变化——行为主义与行为主义疗法

行为主义是现代心理学的一个流派,曾经统治20世纪上半叶的心理学发展,今天的行为主义已经从经典行为主义中分化,有操作行为主义和社会认知行为主义等。行为主义的发展被区分为早期行为主义、新行为主义和新的新行为主义,华生、斯金纳和班杜拉分别是这三个阶段的代表人物。作为行为主义心理学的创始人,华生对行为主义的诞生有着不可估量的功劳。

约翰·华生,在美国南卡罗来纳州长大,他的父亲是一个不负责任的男人,抛弃家庭和孩子,为此遭到儿子一辈子的憎恨。小时候,华生并不是一个爱学习的孩子,学年结束只能勉强升级,还因为暴力事件遭到过逮捕。他对学业不太关心,但对进入大学却有着莫名的渴望。16岁时,他通过和福尔曼大学校长的约谈,以准新生的身份进入福尔曼大学。

此后,华生开始了他那典型的美国成功人士之路——白手起家,艰苦奋斗,最后收获名誉和地位。在学校里,他一边打工,一边完成学业。在此后的多年里,他都不得不同时面对生活上的困难和学业压力。他在希腊文、拉丁文、数学、心理学等课程上表现出色,同时也不得不奔波在各种打工赚钱的场合,因此,他的整个大学生活显得暗淡而孤独。

华生用了五年的时间获得硕士学位——原因是迟交论文导致成绩不及

格。之后,华生进入芝加哥大学,跟随杜威学习哲学。他本想在那里拿到博士学位,可惜他很快就对哲学失去兴趣。受安吉尔的影响,他对心理学产生兴趣,并选修了一门神经学。在华生看来,安吉尔才是真正的心理学家,也是他想要成为的那种人。

可以说,华生是一个有野心的人,他想要成为众人瞩目的对象,为自己留下心理学家的名声。他不辞辛劳地打工,强迫自己工作,同时希望自己的心理学研究能够吸引心理学家们的注意。24岁时,长期勉强糊口的生活和沉重的工作、学习压力导致华生经历了一次心理崩溃。他被一种抑郁、焦虑和无价值感的情绪缠绕着,晚上无法入睡,大清早在城市街道上狂奔,无奈之下,他只好离开大学,等待身体恢复。

一个月后,他重获健康。这次生病的经历让他小心起来,他准备放慢自己的步伐。即使这样,他还是在25岁那年就获得了博士学位,成为芝加哥大学最年轻的博士。获得博士学位后,他在芝加哥大学担任心理学助理教授一职。几年前他就开始和老鼠打交道,这时,他继续观察老鼠,用老鼠做实验,在论文中提到他设计的实验和老鼠的反应。

追溯华生的行为主义思想,从这期间就已经开始了。他的老师安吉尔是一个坚定的机能主义者,一辈子从来没有改变他的信仰,当华生和他提起心理学应该观察行为而不是意识时,安吉尔批评他的观点是疯狂和无知的。

在芝加哥大学的日子可谓是快乐的,华生结了婚,研究工作有声有色,他用猴子、鸡、狗、猫和青蛙做实验,还准备建立一个比较心理学实验室。这时,约翰·霍普金斯大学以丰厚的薪水和实验条件向他提出邀请,第一次没有成功后,约翰·霍普金斯大学提出了更丰厚的薪水和更高的职位——年薪3500美元和心理学教授职位,他最终动摇了。在霍普金斯大学,华生度过了学术生涯中最辉煌的日子。

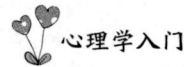

华生从芝加哥大学时期就训练老鼠，到了霍普金斯大学，他开始尝试整理自己的想法——没有安吉尔的批评，他可以更自由地表达。他在训练老鼠走迷宫的过程中受到了启发。一开始，老鼠要半个小时才能找到出口，经过几十次的尝试之后，老鼠在10秒钟就能奔向出口。为了找出老鼠如此迅速找到出口的原因，华生首先蒙上了老鼠的眼睛。一开始，它们找到出口的速度马上下降，但没过多久，又恢复到原来的水平。华生去掉了跑道上老鼠留下的味道，结果，经过训练的老鼠还是一样迅速。华生又想到了一个办法，用外科手术的方法破坏老鼠的嗅觉，可是，它们就像没有受伤一样，平稳而迅速地走出了迷宫。

华生由此推论，学习过程的关键因素在于肌肉的感觉，而非意识。在心理学大会上，华生几次提出了这一观点，主张心理学应该研究可以观察到的行为，而不是看不见的意识和精神。1913年，他写了一篇论文，对他的观点做了一个总结，这篇文章的题目为《一个行为主义者眼中的心理学》，它被看作行为主义者的宣言，行为主义时代也由此开始。

《一个行为主义者眼中的心理学》阐述了行为主义心理学的一些基本原则，比如，心理学应该研究行为，而不是意识；心理学的研究方法是客观的方法，如观察法；心理学研究的任务是找到刺激—反应之间的规律，就能根据刺激推知反应，根据反应推知刺激，从而预测和控制行为。

华生接受了巴甫洛夫的条件反射理论，将人的行为和情绪都看作条件反射的产物。华生坚信，心理学研究应该完全抛开意识，他在学术研究中坚持这一观点，在日常生活中也如此要求自己。他不关心人的喜怒哀乐，很少和别人交流感情，对自己的孩子也不曾表达关怀。

即使是纯粹的思维和情感，其实也来自轻微的身体变化。思维是全身肌肉的变化，尤其是言语器官，情感则是内脏和腺体的变化。最新的肌肉电位测试技术已经证明，心理活动伴有轻微的肌肉收缩，比如人在思考时，会出现轻微的肌肉收缩，但这并不能证明思维就是肌肉收缩。

在心理学研究方法上，华生完全放弃内省方法，采用客观观察法和条件反射法、言语报告法和测验法。条件反射法和测验法属于实验心理学的方法，但言语报告和内省则完全是一回事。尽管华生坚决反对内省，但在实际研究中又不得不使用内省方法，于是，他将内省法改头换面，将言语报告归为行为主义研究方法之一。

1914年，华生出版了一本系统阐述行为主义的专著——《行为：比较心理学导言》。华生的论文和专著都得到了青年心理学家的响应，38岁时，华生当选为美国心理学会主席。1925年，《行为主义》一书出版，这是一本用通俗的方法讲解行为主义的书。1930年，《行为主义》经过修订后再版，这是华生在心理学领域做的最后一项工作。1947年，华生退休，在康涅狄格州的一个农庄里安享晚年。

1957年，美国心理学会为华生对心理学研究做出的贡献给予了褒奖。时隔三十多年再次得到官方的肯定，华生感到非常高兴。

华生的理论只是行为主义心理学的一个开端，还存在许多不完善的地方。华生的实验主要以动物为主，研究动物不能用内省方法，只能根据刺激—反应来推测，而且，华生还犯了一个拟人论的错误——将动物的反应看作人的反应。这一缺陷在桑代克的理论中也有体现。不过，华生没有像桑代克那样绝对，认为人的心理和动物的心理在本质上没有区别，他认为不应该按动物心理推测人的心理，而要像研究动物心理那样研究人。可惜，他还没来得及对行为主义理论进行完善，就因为桃色事件被逐出了心理学界，他开创的历史先河只能等待后人来完成了。

基于行为主义心理学发展起来的行为主义疗法，其原理主要来自三个方面：巴甫洛夫的条件反射、斯金纳的操作性条件反射和班都拉的社会学习理论。

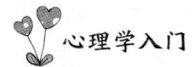

条件反射理论可以解释许多人的行为，人因为条件反射处于一种自动化或半自动化的状态，如果这种自动化的反射产生负面作用的话，就会引起神经症，如人的不良习惯、焦虑、恐惧、强迫等症状。这些症状由条件反射而来，自然也可以利用反条件反射消除，于是，行为主义治疗中出现了强化、消退、奖励、惩罚、反馈、模仿、替代强化等概念。

行为主义治疗者只关注外在行为，不关心意识、童年经验、心理创伤等，他们认为，根本就没有神经症，仅仅是症状本身而已，消除了症状也就消除了神经症。因此，行为主义疗法只针对患者当前的问题进行治疗，不关心问题的成因或者病人的自知力和领悟。

最初的行为主义治疗来自华生。1920年，华生在约翰·霍普金斯医院里迎来了一个只有九个月大的被试——小艾尔伯特。这时的小艾尔伯特还是一个正常的儿童，华生给他展示了许多东西，小白鼠、兔子、狗、烧焦的报纸等，小艾尔伯特对这些都没有恐惧反应。

当小艾尔伯特十一个月时，华生在他身边放了一只小白鼠，让小艾尔伯特和小白鼠一起玩。当小艾尔伯特伸手去摸小白鼠时，华生就在他脑后敲一下铁块，小艾尔伯特立刻被突如其来的巨大响声吓哭了。华生将这样的实验重复无数次后，小艾尔伯特已经将小白鼠和巨大的响声联系在了一起，一看到小白鼠，他就会大声地哭闹，试图远离小白鼠。此后，小艾尔伯特对一切白色的东西产生恐惧，如兔子、白色的毛绒玩具，但他对黑色的木板没有反应。

小艾尔伯特不久就离开了医院，华生也无法和他联系。华生事后回忆说，如果能够找到他，他还想尝试一下能否用行为主义的方法消除他对小白鼠、兔子等的恐惧。1924年，华生提出了一个消除恐惧的方法——"去条件化技术"，即在恐惧物出现的同时，一个愉快事情伴随出现。这一方法后来被行为主义治疗者玛丽·科弗·琼斯用来治疗3岁小男孩彼得的恐惧症。

玛丽·科弗·琼斯，出生在美国宾夕法尼亚州约翰斯敦，是发展心理学家，也是行为主义疗法的先驱。在瓦瑟大学读本科期间，琼斯曾到纽约听过华生的课，华生在课上播放的讲述小艾尔伯特生成恐惧过程的影片，令琼斯印象深刻。

后来，她进入哥伦比亚大学读博士，只可惜，当她进入哥伦比亚大学读书时，华生已经被逐出了心理学界，到广告公司担任顾问了。幸运的是，琼斯和华生的第二任妻子罗莎莉是同学兼好友，因此，当琼斯准备为彼得消除恐惧时，得到了华生的亲切指导。获得博士学位后，琼斯跟随丈夫——同为心理学家的哈罗德·琼斯前往加利福尼亚大学伯克利分校的人类发展研究所工作，她一生的大部分时间都是在那里度过的。

琼斯是第一个研究儿童恐惧行为的心理学家，为小男孩彼得做的消除恐惧训练是她最著名的研究，她也因此声名远播。后来，琼斯的方法成为最早的行为主义疗法——"系统脱敏"的前身。

彼得是一个小男孩，琼斯见到他的时候，他害怕兔子、白鼠等，皮毛和棉绒也能引起他的恐惧。琼斯没有按照精神分析的方法研究"俄狄浦斯情结"，而是直接采用了行为主义疗法。她首先创造了一个温馨的环境，有小朋友和彼得一起玩，有食物，还有玩具，当彼得玩得高兴时，琼斯给他看一只兔子。一开始时，彼得对兔子还非常害怕，时间久了，他慢慢能够接受兔子靠近自己。琼斯每天给他看一次兔子，到第45天时，彼得已经能够抱起兔子，和它一起玩耍了。

琼斯将她的治疗过程写进了论文《恐惧的实验室研究》里，她对彼得的治疗也就此结束。这篇仅有一个研究对象的个案研究没有多少说服力，最终，她以对365个正常儿童的观察比较报告获得了业界的承认。

系统脱敏是行为主义疗法的一种，最早由美国学者沃尔帕提出来。所谓系统脱敏，又称交互抑制，治疗者通过循序渐进的方式治疗病人的神经症，让病人逐渐接近引起恐惧、焦虑的场景，同时进行放松训练，使焦虑逐渐减轻，直至消失。作为最早的行为治疗技术，系统脱敏也是来自实验室的研究。

沃尔帕根据经典条件反射模型设置了一个引起焦虑的情境。他将一只饥饿的猫放入笼子里，每当猫去取食，就对其施以电击，猫因躲避疼痛而放弃取食，多次之后，猫产生了拒食反应，最后对笼子和实验室内的整个环境都产生了恐惧反应，即"实验性恐惧症"。接下来，沃尔帕用系统脱敏的方法引导猫消除恐惧，猫逐渐回到了正常就食的状态。

在《交互抑制心理疗法》一书中，沃尔帕认为，神经症是学习过程中学到的不适应行为，要治疗这种不适应行为，依然要依据学习原则。后来他将上述理论应用于人类，逐渐形成系统脱敏的治疗技术。人的焦虑、恐惧反应也是一种条件反射过程，如果人能够形成抑制焦虑的条件反射，之前的焦虑、恐惧反应就会被替代。个体不能在同一时间内表现出不同的情绪反应，比如高兴的同时又不高兴，开怀大笑的同时失声痛哭，因此，可以用相反的情绪，即用轻松、愉快来抑制焦虑、恐惧。

第六节　尊重人的尊严和价值——人本主义心理学

20世纪60年代，现代心理学出现了一次新的革新运动——人本主义心理学。存在主义心理学是人本主义心理学的一个取向，存在分析心理治疗便是以人本主义为取向的心理治疗方法。布根塔尔是存在分析心理治疗的主要倡导者，也是人本主义心理学的创始人之一。

1915年，布根塔尔出生于美国印第安纳州的韦恩堡，在西得克萨斯州立师范学院获教育学学士学位，在皮博迪学院获社会学硕士学位。1945年，布根塔尔在劳森陆军总医院任心理医生，受到了罗杰斯咨询和心理治疗的影响。1962年，布根塔尔担任美国人本主义心理学会首届主席。

1963年，布根塔尔出版《人本主义心理学：一种新的突破》一书。书中建构了人本主义心理学的理论框架，为此，他和马斯洛、罗杰斯、罗洛·梅共同成为人本主义心理学的奠基人。后来，布根塔尔又在罗洛·梅的基础上，发展了存在心理学和存在分析心理治疗。

布根塔尔的存在主义心理学认为，个人理想的存在方式便是真诚。真诚描述人的存在状态，如果一个人的存在和他生活的世界是协调的、一致的，那么他的存在就是真诚的，否则便是非真诚的。对个人来说，真诚和非真诚是非此即彼、对立存在的，人一旦陷入非真诚的状态，就会出现神经症。真诚不同于健康的适应，两者的区别在于，真诚是存在主义概念，

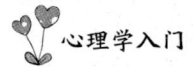

适应是病理性概念。

真诚具有四个特征：信念、献身、创造与爱。拥有内在信念的人能够发现自己的存在与世界的联系，发现自己存在的根基，获得面对命运和死亡的勇气，否则，个人就会感到卑微，丧失勇气。献身是个人对愧疚、担心受到惩罚的反应。个人通过参与某项事业，如参与艺术活动，作为哲学家进行思考等，都可以确立自己的存在。如果人只是作为创造物存在，便会失去创造性，人生也会因外界力量的参与充满荒诞，而在选择基础上的创造可以帮助个人超越创造物，成为主动创造环境的主体，人生的意义也在于此。至于爱，布根塔尔强调的爱是一种超越性的爱，是个人在与他人的关系中对自己的肯定，也是人类实现自我的一个方面——个人融入了全部人类的生命存在之中，克服了孤独和疏离焦虑。

于是，存在分析心理治疗面对的神经症，就是由于知觉扭曲导致的非真诚的存在。当面对强烈的焦虑时，个人试图改变自己面对世界的方式，扭曲存在的性质，主观上寻找一种虚假的肯定和安全感。这种安全感是以患者放弃自己的存在为代价的，因此，布根塔尔又将神经症称为存在神经症。

在治疗中，神经症患者会出现各种抵抗，抵抗是患者回避焦虑的方式，是一种心理上的病态。弗洛伊德也用过抵抗这个名词，他提出的抵抗指的是患者在治疗过程中出现的无意识冲动，布根塔尔提出的抵抗在含义上则更宽泛一些。为此，他将神经症分为4种存在方式：卑微感、责备感、荒谬感和疏远感；反映在现实中，便是对命运的屈从、放弃自由、自我异化和人际退缩。存在分析治疗者必须能够从症状中发现神经症的类型，才能采取相应的措施进行治疗。

行为主义疗法重视身体上外显的行为，精神分析则强调内在的无意识，存在分析心理治疗则全然不关心这些。存在分析心理治疗尊重当事人的主观感受，重视当事人的自由意志，相信当事人有能力通过自由选择解决正在面对的生活问题，治疗师的方法只是起辅助作用。

关注当事人的真实状况，认为当事人的理想状况就是此刻真实的存在。当事人若能在此刻真实而全身心地投入正在发生的事情中，就是打开心灵的表现。因此，存在分析心理学治疗的目的不是治愈症状，而是帮助当事人找到最适宜的存在方式，不是单纯减轻身体上的病症，而是帮助当事人矫正已经发生的意识扭曲，接受自己生存在世界上必须承担的责任。

谈起人本主义心理学，马斯洛是绝对不可以跳过的。马斯洛是一位人本主义心理学家，他提出了许多心理学名词，如"需要层次""自我实现""高峰体验""潜能发挥"等。今天，这些词语不再是心理学专著中艰深的专业术语，而是渗入教育、科研、管理等各个行业，帮助每个人发挥自己的潜能，找到对自我的认识和定位。

马斯洛一家是来自俄国的犹太人后代，他的父亲在14岁时跟随家人来到美国，母亲是父亲的表妹。1908年，马斯洛出生，他是家中七个孩子中的老大，父亲给他取名亚伯拉罕。1926年，马斯洛考入纽约市立大学，第二年冬天，他转学到康奈尔大学。可惜，他在康奈尔大学并没有找到期待中的学术气氛，即使是心理学课程，也让他备感失望。

当时，在康奈尔大学教授心理学课程的是构造主义心理学家铁钦纳。他信奉冯特的心理学观点，认为心理学是纯粹的意识研究，这和马斯洛的想法大相径庭。一个学期后，马斯洛又回到了纽约市立大学，继续他的学业。1928年9月，马斯洛转学到威斯康星大学。20世纪初，威斯康星因为杰出的教育水平和自由的学术气氛而闻名。

在那里，马斯洛主修解剖学、生理学、动物行为学等课程，学习的方法就是在实验室里解剖动物。在行为主义兴起的时代，马斯洛并不觉得这种坚持科学主义的心理学能够对人类有用。如果说，马斯洛在威斯康星有

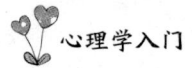

什么大的收获,那就是遇到了哈洛,成为他的助手,并且在他的指导下拿到了博士学位。

1930年,哈洛前往威斯康星大学任教,他素以研究灵长目动物闻名,主要研究动物的社会行为和学习过程,他在研究恒河猴的过程中发现了依恋行为,此后的四十多年,他一直和猿猴相伴,研究伙伴关系的发展。

成为哈洛的助手后,马斯洛很快喜欢上猿猴,不知不觉间,他闯入了一个完全未知的领域。从1932年2月到1933年5月,马斯洛每天花数小时,悄悄地观察灵长动物的活动,并做详细的笔记。在这一过程中,他找到了博士论文的研究题目《支配冲动在类人猿灵长目动物社会行为中的决定作用》。马斯洛发现,猿猴中的支配权是在注视和相互打量的基础上建立起来的,而不是诉诸武力。

马斯洛不仅喜欢这项有趣的研究,他更希望通过这篇论文找到一份满意的工作。1935年,桑代克看到了他的论文,对他评价很高,于是,他为马斯洛提供了一笔奖学金,邀请他进入博士后学习阶段。马斯洛对此非常高兴,他又可以继续研究自己喜欢的课题。

桑代克还做了另外一件好事。桑代克在哥伦比亚大学做了一系列的智力测验和学术能力测验,马斯洛也去做了被试。测试表明,马斯洛的智商高达195。桑代克为此表示,如果马斯洛找不到一个永久的职位,他可以一直提供资助。

在研究人类和猿猴对应的支配、服从行为时,马斯洛面谈了一百多名被试,最终,他发表了论文《支配情绪、支配行为和支配地位》。他在文章中探讨,支配情绪如何影响人们的日常生活,从这时开始,他注意到了人类行为背后的动机。

从1940年到1943年,马斯洛在动机理论上花费了许多时间。他做了大量的笔记,初步形成了一些概念。最终,他在论文《动机理论引言》

和《人类动机理论》中完整地表达了他的需要层次理论。在这个模式中，马斯洛按照从低到高的顺序，将人类的需要分为生理需要、安全需要、归属和爱的需要、自尊的需要和自我实现的需要。

这五种需要就像一座金字塔，越排在下面的需要越低级，越和动物的需要相似，越是高级的需要越为人类所特有。这些需要是按照先后顺序出现的，比如，生理需要得到满足，安全需要才会出现，安全需要得到满足，归属和爱的需要才会出现。当然，其中也有例外的情况，比如，历史上好多英雄人物，为了理想和信念（自我实现），抛开基本需要，甚至愿意牺牲自己的生命。

在自我实现需要这一领域，马斯洛花费了更多的心力。自我实现者通常要具有以下 12 种特征：能够准确地、全面地洞察现实；接纳自己和他人；表现出自发性和偶然性；有独处的需要；独立于环境和文化；以持续新奇的眼光看待事物；经常经历神秘体验和高峰体验；关心全人类，而不仅是朋友、家人；只有少数几个朋友；有强烈的道德感，但不一定接受传统道德标准；具有幽默感；富有创造力。

基于马斯洛对众多历史伟人的研究，他认为，自我实现需要是高级的需要，能够达到自我实现的人并不多。在他看来，爱因斯坦、赫胥黎、詹姆斯等人才算是满足了自我实现的需要。

经过一场大病之后，马斯洛于 1954 年完成了《动机与人格》一书，这是他对需要层次理论和自我实现理论的总结，解释了爱、认知和动机的具体表现形式。令人新奇的是，在这本书的附录里，马斯洛提出了 100 多个人本心理学应该研究的项目，比如"人们怎样才能学会使自己适应新情况""人们怎样才能学会发现善、识别美、寻求真""人们怎样才能具有良好的趣味、性格以及创造力"。

《动机与人格》一书让他在美国获得了巨大的名声，这部著作也被看

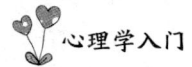

作 20 世纪 50 年代最重要的心理学专著。很快，马斯洛的思想渗透到管理、教育、心理辅导、市场营销等各个领域。1966 年，马斯洛被他的同行们选为美国心理学会的主席，这一年，他得到了前所未有的荣誉，也达到了个人事业的高峰。

随着人本主义理论日渐成熟，马斯洛发现，自我实现可能促使人走向个人主义和自我中心，为此，他提出了超个人心理学的概念。他觉得，个人追求的自我实现并不是人性达到的最高状态，人类应该追求一种以宇宙为中心，从小我的自我实现走向大我的自我实现。只可惜，他只是为超个人心理学开了个头，就早早离开人世了，发展超个人心理学的任务只好由他的继任者们来完成。

第二章
感知五彩缤纷的世界——大脑与感知觉

所以人在感冒的时候才会食之无味。如果你不相信的话，大可做一个这样的测试：拿出一片苹果和一片生土豆片，然后捏住鼻子尝一下，是不是它们之间的差别不见了呢？

第一节 左撇子更聪明吗——我们的大脑是如何工作的

当我们看到身边的事物时，总是轻而易举地叫出它们的名字，比如，这是矢车菊，那是公共汽车，500米处是一个年迈的盲眼老人，落在路边枝头的鸟是一只麻雀。在你毫不费力地辨认出眼前事物时，你是否想过，当你说出某一词汇，描绘出某一状况时，大脑内发生了什么样的变化？

实际上，哪怕仅仅是读出写在纸上的"苹果"二字，也需要经过非常复杂的神经传递过程。首先，纸上的文字"苹果"构成了视觉上的刺激，它会被视网膜内的神经细胞检测出来，然后将这一信号通过丘脑传递给大脑中的视皮层。视皮层的工作就是处理所有的视觉信息。

接着，视皮层会将神经冲动传送给大脑颞叶上的一个叫作角回的分区。在那里，大脑会找到视觉信息相对应的听觉信息，随后将听觉信息传递给听皮层。接着，眼睛看到的图像就被解释为"哦，这个词是苹果"。最后，听觉信息会被传递到运动皮层，刺激嘴唇、舌头和咽喉共同合作，发出"苹果"这一词的声音。

想象一下，仅仅是识别一个词语，就需要走过这么多的大脑分区，耗费如此之大的精力，那么读完一句广告语，朗诵完一首诗，甚至读完一本大部头的著作，需要花费多大的脑力呀！基于这样的工作强度，我们也能够理解，为什么身体上这个体积甚微的区域，竟然消耗着人体能量的

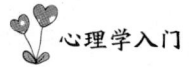

1/5。

　　从大脑识别一个词语的过程中我们可以发现，大脑在工作的过程中，每个区域都有合理的分工。神经科学的研究也已经证实了这一点，比如大脑额叶负责管理全身骨骼肌运动的躯体运动区，颞叶负责理解别人的语言和监听自己所说的话。一旦大脑内某个区域受到损伤，就会影响身体的相应功能，甚至影响一个人的人格。

　　1848年，哈劳发表了一个关于前额叶损伤患者的观察报告，记录了一个前额叶受损者的前后表现。当时，美国有一位名叫盖奇的工长，他在带领工人向岩石里填充炸药时，碰撞出的火花引燃了火药。爆炸导致一根长1米，直径为2.5厘米的铁钎从他的面部刺入，穿过前额，从头顶飞了出去。

　　铁钎飞出后，盖奇当场昏迷。几分钟之后，他奇迹般地清醒了过来。他能说话，也能活动，同伴送他去医院之后，他甚至可以自己走进手术室。不过，铁钎使得盖奇的大脑前额叶受到严重损伤。两个月后，盖奇顺利出院，一切生理机能也恢复了正常，但是他的性情发生了很大的变化，熟悉他的人都觉得他好像变了一个人。

　　受伤前，盖奇是一个精明能干的人，和工作伙伴也相处愉快。受伤后，他变得偏执、粗野、优柔寡断，对同事们漠不关心。他对曾经引起他巨大兴趣的工作也漫不经心起来，连工长的工作也无法胜任了。

　　哈劳的报告让人们第一次知道前额叶损伤对人的心理造成的影响，也引起了研究者对于这一领域的注意。神经科学的发现表明，额叶是大脑半球的四个叶中最大的一个，大约占1/3的面积，对人的思维活动和行为有重要的作用。额叶受损或者被人为切除后，人就无法进行有目的、有计划的活动，甚至会失去很大一部分的人格，同时也会失去原本的创新能力。

　　讽刺的是，即使额叶的损伤会将一个有感情、有性格的人变成行尸走肉，在20世纪四五十年代，竟然有很多精神科的医生对精神病人实施切除额叶的手术，这一手术的创始人甚至获得了诺贝尔医学奖。

在额叶切除手术盛行之时，研究者们纷纷在科学刊物上发表自己的研究成果。他们向世人宣称，切除额叶手术是帮助有暴力或自杀倾向的患者安静下来的最好方法。1942年，一位科学家在纽约的医学介绍会中提出，对病人实施额叶切除手术后，病人的确会变得懒惰，甚至像个孩子一样。然而，这样的结果对于他们的家庭来说仍旧是一件喜事。

针对这一极端不人道的治疗方式，电影《飞越疯人院》和《禁闭岛》都有过深入的描写。1962年，电影《飞越疯人院》的原著小说问世之后，西方世界曾经掀起一系列反对滥用电击、切除额叶等方式治疗精神病人的运动，此后，各国政府相继出台了法律条文，精神病人的生活才得到改善。

人脑分左右半球，左右互相联系，又各司其职。大脑左半球擅长抽象思维，以分析、推理见长，严格按照逻辑顺序工作，因此，左半球控制人的语言和理性。反之，大脑的右半球则擅长形象思维，掌管人的创造性和直觉，因此，右半球会使人进行音乐作品和美术作品等艺术创作。

对于社会大众而言，那些整天奔波于工作，为了追求事业成功而忽略生活娱乐的人，属于纯粹的"左脑人"。实验证明，"左脑人"能够体验到成功的快感，却无法享受到幸福感，因此，即使他们在事业上取得非凡的成绩，也不容易得到快乐。反之，"右脑人"善于直觉和感受，能够在音乐上、艺术上体会到生活的美感和喜悦。

生物学和神经科学的发展，让我们对大脑功能有了更细致的了解，然而，人们并不是从一开始就对大脑的工作模式了如指掌的。人类对于左右脑的认识，还要从斯佩里的"割裂脑"实验开始说起。

20世纪50年代，美国神经心理学家斯佩里对割裂脑病人进行了系统

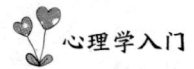

的研究。斯佩里设计了一个测试装置,用来检测病人的脑功能变化。测试装置有左右两个屏幕,左边呈现的文字会进入左侧视野,右边呈现的文字则进入右侧视野,互相之间没有干扰。

实验结果表明,当实验者在右侧屏幕上呈现单词"苹果"后,割裂脑病人能够读出单词,并且用右手写出;若在左侧屏幕上呈现单词"苹果",病人就无法读出,只是报告说"看到了一个闪光"。奇怪的是,病人却可以在装有各种物品的袋子中找到"苹果"这一物品。

斯佩里在进一步的实验中发现,当要求割裂脑病人分别用左手和右手照着实物画图时,即使病人原本是右利手,他左手画出来的图也比右手更接近实物。

一系列的实验证实,大脑的左半球在语言方面占据优势,右半球则在感受形状、立体空间方面占据优势。当左右脑之间的连接——胼胝体被切断之后,虽然左右脑依旧可以工作,却表现出完全不同的两种意识。

习惯上,大多数人都喜欢用右手完成重要的工作。由于大脑和身体行动的交叉作用,于是左脑成为人们积累知识、工作经验的重要区域,为此,左脑就要负荷更多的工作。这时,习惯使用左手的"左撇子"就能够充分发挥右脑功能,调节生活的压力。

所谓"左撇子",就是左利手的人,在处理生活事务时,使用左手更方便、更协调。可是,生活中的"左撇子"又总是在右利手的人堆里显得出格,尤其是吃饭的时候,围坐在一起的人,只要有一个人是用左手吃饭的,就可能和身边的人出现"筷子打架"的状况。不过,也有人说"左撇子"比右利手的人更聪明。

在智商上,并没有数据证明,左利手的人比右利手的人更聪明。不过,在人类整体倾向于左脑发达的情况下,"左撇子"似乎弥补了这种失衡的现象。有人说,左利手的人在水下的视觉调节能力比较强;也有人说，左利手的青春期比右利手的人晚。也有好奇心强的人发现，人类中少数的左撇子，常常在社会中发挥巨大的能量，比如微软的创始人之一比尔·盖茨，"马里奥之父"宫本茂，又比如 20 世纪末美国的多任总统。

在左利手和右利手之间，还有一个有趣的现象：当人在无意识状态下作画时，如果恰好画的是人的侧面像，那么左利手画出来的人物面朝右，右利手画出来的面朝左；如果在打个叉之后再画个圈，左利手会逆时针行笔，右利手则恰恰相反。不信的话，你可以找个朋友，亲自验证一下！

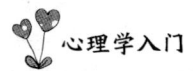

第二节 第六感真的存在吗——神奇的感觉

作为一名画家,乔纳森用绚丽的色彩创作了大量的抽象画。这些画作为他赢得了极大的艺术声誉,也帮助他走入了人生中最辉煌的一段艺术生涯。

在他的创作后期,他突然有一段时间转变了风格。他不再画颜色鲜艳的作品,反而转向了以黑、白为主的创作探索。在外人看来,乔纳森走入了一个新鲜、有趣的创作阶段,作品开始呈现出一种色彩上的单纯和整齐。然而,没有人知道,这一改变的根本原因是他失去了颜色知觉,变成了色盲。

乔纳森65岁时,一次脑损伤伤害到了他的视神经。从此以后,他只能看到灰色、黑色和白色。以往那些色彩缤纷的画作,在他眼里全部变成了肮脏、混乱的斑点。生活在缺乏色彩的世界里,乔纳森只能吃黑色的橄榄和白色的米饭,于是,他的创作也变成了只有黑白两种颜色。

适应了只有黑色和白色的世界后,乔纳森开始创作以黑、白为主的作品。令人意外的是,他的崇拜者并没有因为画风的改变而不再喜欢他的作品,反而为他这一大胆的创新而拍手叫好。

对于乔纳森来说,尽管丧失颜色知觉是一件不幸的事,他却因此打开了艺术世界一扇新的大门。在为了颜色的逝去感到忧伤的同时,他还是选择继续用艺术的方式来描述他所看到的世界。

第二章
感知五彩缤纷的世界——大脑与感知觉

在我们身边,随时都有许多刺激物,比如,一盆浑身带刺的仙人掌,一口香甜的卡布奇诺,一阵淡雅清幽的花香,或者是一个儿童柔软的小手。这些事物如同常理般地存在着,却同时被我们看到、尝到、嗅到或者触摸到。而我们知晓刺激存在的机制,就是心理上的感觉。

作为身体上的感受器,眼、耳等器官所产生的神经冲动,形成了感觉。感觉让我们从视、听、嗅、味等方面体验到快乐滋味,同时也成为人类生存的一个保护网。比如,声音的警示让我们逃离危险地带;对舒适感的追求让人类不断寻找适宜生存的环境等。

物质极大丰富之后,随时有各种口味的食物等待我们选择,每条街上都在响着不同风格的流行音乐。这些刺激的存在让人已经习惯耽于声色,享受一种感觉上的满足。于是,人们开始怀疑,如果将身边的这些感觉"剥夺",人是否还能健康、舒适地生活下去。为此,加拿大的心理学家做了一次"感觉剥夺"的实验。

1954年,贝克斯顿、赫伦和斯科特在加拿大蒙特利尔的海勃实验室进行了这次实验。实验的被试全部都是经过招募的大学生志愿者。

为了营造毫无感觉的环境,实验者将被试关在了装有隔音装置的房间里,并且给他们戴上了半透明的眼镜,以减少视觉刺激。随后,他们又戴上了手套,以减少各种触觉刺激的发生。被试的头部垫了一个气泡胶枕,这个胶枕可以有效防止颈椎和床的接触。

实验开始后,被试除了进食和排泄之外,其余的时间都必须一动不动地躺在床上。这时,被试所处的状态就相当于一个所有感觉都被剥夺的状态。

原本带着"趁机休息一下"或者"思考论文"这种想法的被试,在实验开始后才发现,他们的想法根本没办法实现。在实验后的报告中,有的被试说:"躺在那里,根本什么事情都不能思考,思维总是跳来跳去,无

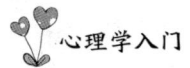

法集中注意力。"

八个小时过去后,有的被试开始吹口哨;有的被试显得烦躁不安,开始自言自语。实验持续几天之后,被试开始出现幻觉。他们会看到没有形状的闪烁,或者听到狗吠声、警钟声,甚至是老鼠行进的声音。实验进行到第四天时,被试无法笔直走路,开始出现反应迟缓、双手发抖的症状。离开实验环境之后,被试需要经过三天以上的时间,才能彻底恢复到正常的生活状态。

实验结束后,贝克斯顿等人得出结论:人的身心要想保持在正常的状态下进行工作,就需要不断从外界获得新的刺激。丰富的、多变的环境刺激是有机体生存与发展的必要条件。虽然环境中的刺激有时候会让人身心不适,但一旦将所有刺激都消除,等同于人类的自杀。

当然,在实验室环境下,感觉剥夺变成了一个极端的情况。可以说,任何事情变得极端之后,对人的身心都是有害的。不过,对于有些成瘾的行为来说,比如吸烟、过度进食,倒是可以尝试一下感觉剥夺,用这种方式来修正他们的行为。

心理学家认为,对于吸烟者来说,让他们在一个限制吸烟的环境中停留24小时,有助于增强他们的自控能力。在一个戒烟的实验中,实验者要求被试在一个安静的黑屋里躺上24个小时,除了喝水、上厕所之外,什么都不可以做。当他们躺在床上时,黑屋内会通过广播播放一些吸烟有害的新闻。

实验结束后的一个星期,所有被试都不再吸烟。一年之后,仍然有2/3的被试不再吸烟。从这一角度来说,感觉剥夺或许会成为行为成瘾者的一个治疗手段。

在生活中,人们常常会遇到这样的状况:某个人明明就在眼前,你却丝毫没有察觉;家里的台灯忽然换了颜色,也要家人提醒之后才会发现;

第二章
感知五彩缤纷的世界——大脑与感知觉

每天盯着电脑屏幕看,厚厚的灰尘却始终无法进入意识之中……这种种现象被人们形象地统称为"视而不见"。

美国哈佛大学心理学教授丹尼尔·西蒙和他的伙伴丹尼尔·莱文共同设计了一个"视而不见"的实验。所有招募来的志愿者都会在实验室入口填一些基本的资料,填完之后,志愿者送回资料,然后兴致勃勃地走入实验室,期待发生不可思议的事情。

然而,西蒙和莱文不过是请他们做一些普通的实验,因为这次实验的目的并不在此。实验结束后,实验者问被试说:"在实验室门口,递给你表格的人和接收表格的人,在发型、长相、身材上都完全不同,可是你注意到了吗?"所有的被试都大为惊讶,觉得不可思议,这么明显的变化自己怎么可能一点儿都没察觉到?当实验者向他们播放实验室门口的录像时,所有人都不禁自问:"怎么会发生这种事?"

实验结果表明,75%的被试完全没有察觉到眼前的人变成了另外一个。类似的实验还有很多。实验者会在路上随便找个被试问路,问到一半的时候,换另外一个实验者继续询问,结果被试竟然对此浑然未觉。

所有被试都对自己的反应大为惊诧,主要原因就是人们有一个默认的前提,只要张开眼睛,映入眼帘的所有事物都能被眼睛看见。心理学家的研究则证明,即使人眼一直盯着某一事物,只要大脑的注意力没有放在眼前的事物上,人们依然会视而不见。

魔术表演正是应用了这一原理。技法华丽的魔术师会想方设法操纵观众的注意力,尽力将魔术关键变化的部位放置在观众视盲的区域。这样一来,虽然观众盯着魔术师的手看,一心想要看透其中的奥秘,却不小心中了魔术师的圈套。

和人们"视而不见"的盲视现象相比,人眼还有另外一种更奇特的能力——不视而见。对于许多失明或者患有眼疾的人来说,他们对身边的事

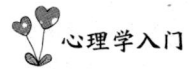

物并不能用视力觉察,实验却一再证明,他们能够"看见"眼睛看不见的东西,或者说他们的行为依旧是由视觉引导的。这种"不视而见"的现象被称作"盲视"。

由荷兰蒂尔堡大学的海尔德教授负责的研究,证明了盲视的存在。实验中被试是一个完全失去视力的男子,生活中,他只能依靠拐杖分辨出路上的障碍物。可是,在海尔德教授的实验中,他能够对看不见的表情做出反应,同时,他还能够在一条摆满了各种障碍物的通道上顺利通过,不会碰到任何障碍。

此外,一位名叫唐的眼疾患者也证明了盲视的存在。当唐14岁时,他就患上了头痛病。多年来的头痛让他左眼的视力变差。20年后,唐为了彻底治愈头痛,决定接受头部的手术。手术时,医生切掉了他的一部分枕叶皮层。手术后,唐终于不需要忍受头痛了,不过,手术却令他的左眼彻底看不见东西了,即使在他的左眼前呈现一个光点,他也无法察觉。

根据以往的经验,心理学家认为,唐虽然看不见左侧视野中的物体,却不一定无法感知。于是,心理学家设计了一系列的实验,来证明他知觉能力的存在。当实验者在他的左侧视野呈现光点时,唐虽然看不见,却能用手准确地指出光点的位置。实验者呈现出直线,他也能猜测出直线是水平还是竖直的。虽然唐一再声称他的判断全部来自猜测,心理学家依旧认为,他的大脑在利用除了视神经之外的多重通道来完成对事物的感觉。

加拿大英属哥伦比亚大学心理学家也曾经针对40名被试开展了盲视的实验。实验者在电脑屏幕上呈现一些图片,图片的内容非常简单,只是它们停留的时间非常短,仅有0.25秒。测试的过程中,实验者会将一张稍小的图片穿插其中,以证明被试盲视能力的存在。

实验结果表明,约有1/3的被试能够感觉到图片的变化,尽管他们一再声称,根本没看清图片的形状,更无法确定图片到底发生了哪些变化。

实验者得出结论，即使人们的眼睛来不及分清看到了什么或者哪里发生了变动，但是大脑的运作系统却能感知到这种微妙的变化。心理学家说，即使"盲视"在大脑中的运作过程尚不可知，但是它却解释了许多关于"第六感"的问题。

一部《舌尖上的中国》大肆地挑逗了人们的味蕾，一众吃货们也开始到处寻找美味，让舌头在美妙的味道世界里畅游。对于食物的最终归属来说，舌头虽然只是一个过道，人们却依旧无法放弃过道中的短暂享受，想尽办法研究出各种美食，以此来满足舌头的欲望。

人能够品尝到各种食物的味道，最大的功臣就是我们的舌头。对着镜子伸出舌头，会看到舌头的背面有许多微小的突起，这些突起叫作舌乳头。按照形状来分，舌乳头分为四种，分别是丝状乳头、菌状乳头、轮廓乳头和叶状乳头。除了丝状乳头之外，其他舌乳头上都分布着许多味蕾。正是这些味蕾，让我们感受到了甜、酸、苦、咸四种主要的味道。

实际上，当我们享用美味的食物时，味觉和嗅觉常常连在一起工作，所以人在感冒的时候才会食之无味。如果你不相信的话，大可做一个这样的测试：拿出一片苹果和一片生土豆片，然后捏住鼻子尝一下，是不是它们之间的差别不见了呢？

有许多学生团体做过实验，比如宿舍里的几个人，每个人都将鼻子堵塞起来，然后去吃那些原本闻起来很难吃的食物。结果所有的食物都没有了难闻的味道，有的人甚至觉得它们比平时的食物还好吃。

由此可见，美食之美，似乎不仅仅来自舌头的品尝，鼻子的嗅闻功能也起到了帮衬的作用。美食家和品酒师之所以能够辨别微小而复杂的味道变化，很多时候依靠的也是嗅觉而非味觉。这样就可以解释，为什么一个患有慢性鼻窦炎的人做不了品酒师。试想一下，一个嗅觉不灵敏的人，又怎么能分辨各种美味的葡萄酒之间的不同呢？

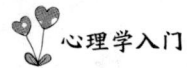

关于味觉，一直有一个非常有趣的说法，叫作"味觉地图"。所谓味觉地图，指的是舌头用不同的区域来感受味道，彼此各司其职，互不干扰。比如，舌尖负责感受甜味；舌根对苦味比较敏感；舌头的两侧主要负责酸味和咸味。

这个说法流传了几十年，人们已经对它深信不疑。实际上，这不过是传播者对科学文章的误传。舌头上并没有什么味觉分区，传说中的"味觉地图"也不过是一个美丽的误会。

其实，一切要从一个尚不明确的科学结论说起。1901年，一位德国的科学家发表了一篇论文，描述了舌头的某些区域对不同味道的灵敏度不同的现象。当时，这不过是科学家的观察发现，并没有成为明确的科学结论。可是，文章的发表让更多人了解了这一观点，也让许多人误以为人的舌头就是依靠区域分工来辨别味觉的。后来，一位美国的精神医师将这篇文章翻译成英文，这一结论被继续误传，直到许多人都对此深信不疑。

最近的研究表明，舌头上的味蕾并非某一领域的专业人士，而是精通多门技艺的手艺人。它们可以同时分辨多种味道。所以说，根本就没有"味觉地图"这回事。

第三节　感觉的深加工——知觉的世界

　　你摸到了一个圆圆的东西，感觉告诉你"这个一个圆圆的东西，表面很光滑"，知觉则会告诉你，那是一个苹果。你看到了一幅颜色绚丽的画，感觉告诉你"有绿色的、黄色的、黑色的，各种颜色堆砌着"，知觉会告诉你，那是梵·高的《向日葵》。知觉就像是感觉的翻译，将感觉到的声、光、电，变成有意义的物品，我们的世界也从此丰富起来。

　　肯基，非洲土著人，成长于赤道附近一个名叫俾格米的部落。从出生开始他就一直生活在茂密的热带丛林中，从未接触过西方社会的文化，也不知道这里和外面世界的不同。独特的成长经历培养了肯基看待事物时的不同视角。有时候，在我们看来稀松平常的事，对他来说却是一个意外的惊喜。

　　20世纪60年代，当人类学家科林·托恩布尔来到俾格米，准备研究这里的非洲土著时，他找到了肯基，并且邀请他乘车与研究队伍一同穿过草原。

　　开阔的草原上生长着上百头野牛，它们有的在低着头吃草，有的在互相追逐、嬉戏。面对这一场面，肯基突然觉得疑惑起来，他问托恩布尔："它们是哪一种昆虫？"托恩布尔回答说："这是比你见识过的所有牛都要大的一种野牛。"

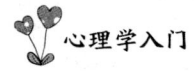

由于车辆行驶在牛群的远处，野牛看起来就像是远方天空上的一个黑点。这一现象给肯基造成了巨大困惑。即使托恩布尔告诉他真相，他依旧坐在那里自言自语，试图将那些"黑点"和他熟悉的昆虫做对比。

过了一会儿，他们的汽车行驶到牛群的附近，野牛也从一个个黑点变得越来越大。这时，一向以勇敢、善战著称的肯基突然靠近了托恩布尔，并且嘴里叨咕着咒语一类的话。直到汽车停在野牛身边，肯基终于看到了"黑点"的真面目，他才彻底地松了一口气。不过，他也产生了新的疑问："为什么刚才看起来那么小，现在看起来这么大，难道它们会使用神奇的魔术？"

在解答肯基的疑惑之前，我们先来做一个简单的演示：将你的右手放在尽可能远离身体的地方；让手慢慢靠近脸孔，直到手掌占据了你的整个脸孔。

在这个演示中，你感觉到你的手好像从原本的大小变得越来越大，到最后它覆盖了你的整个视野。这样的疑惑，和肯基面对的问题是不是有点相似呢？可是所有人都知道，即使感觉上手掌在变大，它依旧是原来的大小。并没有什么神奇的魔法，也没有幽灵在作怪，这一切只不过是感觉和知觉的不同罢了。肯基的问题在于，他尚未分清感觉和知觉之间的区别。

人的感觉总是依赖看到的、听到的事物来下结论，这样难免会造成许多错误，比如像肯基那样。于是，大脑在进化中形成了一个知觉系统，用来纠正感觉可能出现的错误。当你的手离眼睛越来越近时，视网膜上的成像就会越来越大，感觉上手好像变大了一样，然后知觉系统就会发出指令，告诉你，那只不过是视网膜上的像在发生变化，手的实际大小并没有改变。

为什么肯基会对如此常识性的问题产生疑问呢？其原因在于，肯基从小生活在原始森林里，他没有形成社会化的行为反射，也没有先验的知识来解释眼前看到的一切。眼睛看到的事物，他就认为是事物的真实面貌。我们之所以不会犯肯基的错误，原因在于我们头脑中的知觉加工系统。

相信在"感觉"一节中你已经了解到，周围的世界充满了各种各样的刺激物，人类和世界互动的第一途径就是感觉，即用眼、耳、口、鼻等器官来感觉周围的刺激。可是，有时候仅仅凭借感觉是不够的，还需要一个将感觉深加工的过程——知觉。

人眼能够看到眼前的一片白色，知觉会告诉你，那是一片白茫茫的雪地；耳朵能够听到天空中的一阵轰鸣，知觉会告诉你，那是云层中的雷声；鼻子能够嗅到一阵难闻的气味，知觉会告诉你，那是臭豆腐的味道。

对于人类来说，纯粹的感觉不会产生任何意义，无论是光波、声波还是各种颜色。只有大脑将这些感觉和具体的事物联系到一起时，感觉才能为我们提供信息。因此，人类从婴儿阶段便开始建立知觉系统，以至于我们和所有事物的接触都变成了知觉。

当然，外界环境随时都在发生变化，人类的知觉也无法保持一成不变。知觉会随着所处环境的不同发生改变，以使人的行为能够适应环境，减少痛苦的发生。从人类进化的角度来看，这一改变也相当必要，否则的话，人类又凭借什么走到今天呢？

心理学家曾经用倒视实验来证明环境变化与知觉之间的关系。实验中，实验者要求被试戴上一种特殊的眼镜。被试在眼镜中看到的世界是上下颠倒、左右相反的。一开始，戴着眼镜的被试连走路、吃饭、拉门把手这种简单的事都无法完成。他们报告称，在颠倒的世界里，他们感觉世界在剧烈地晃动，同时感到头痛和头晕。

几天之后，被试开始适应这种倒视，并且能够完成日常生活中的简单活动。随着实验的进行，尽管被试眼中的世界依旧是颠倒的，但他们已经学会了许多日常的活动，原本颠倒的世界也变得正常了。在后续实验中，

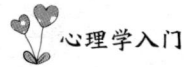

被试能够戴着倒视眼镜开汽车,有一个人甚至可以戴着倒视眼镜开飞机。

实验证明,人们的知觉完全有能力和新的视觉世界进行互动,从而调整原本的知觉习惯。这一点,对于人类快速适应环境至关重要。对于从事特殊工作的人来说,比如职业潜水员,要适应一个大小、距离、曲直都发生扭曲的世界,完全依赖于知觉学习去应付。

错觉是一种特殊的知觉现象。生活中有许多产生错觉的地方,心理学上也记录了许多经典的错觉现象,比如经典的罗宾杯、网格幻觉、埃冰斯幻觉、伯根道夫环形幻觉等。在这些错觉中,人们总是无法确定知觉的正确性,甚至为了映入眼帘中的无法解释的现象困惑不已。

在房间里放一面镜子,就会让人觉得房间变大。商场的价签上总是写着9.9元、19.9元或者99.9元的诱人价格,细想之下,任何人都会想到它们和10元、20元、100元没有差别,不过,人们依然会感觉这样的价格非常便宜。

之前热映的电影《霍比特人》,不禁让人想起之前的《指环王》三部曲。当年看电影的时候,很多人都会疑惑,为什么电影中的霍比特人看起来会矮很多?是不是用了电脑特效?当然,在这个电影系列中,电脑特效的作用非常强大。但是,导演更是聪明地利用了心理学中的"艾姆斯小屋"原理。

"艾姆斯小屋",又叫作艾姆斯房间错觉。根据知觉的大小恒常性,我们知道,图像的背景为观察者提供了画面的深度,如果去掉背景,图像就没有了立体感,也就不会产生错觉。于是,艾姆斯就提供了一个错误的背景,造成了两个相同身高的人,一个显得非常高大,一个显得非常矮小。

仔细观察你会发现,艾姆斯小屋的后墙并没有与观察者平行,而是斜的。由于人眼从固定的窥孔观察房间,房间里左边高、右边低的实际情况也不会被发现。因此,在观察者眼中在这个"普通的"房间里,就会产生一个人像孩子一样矮小，一个人已经和天花板一般高的错觉。

在各种经典的错觉中，庞佐也是最常见的一种了。提到"庞佐错觉"，你可能会一时间不知所云，但如果提到《两小儿辩日》的故事，你一定就知道是怎么回事了。

古代有两个小孩，一个小孩认为早晨的时候离太阳近，因为那时的太阳最大；另一个小孩认为正午时候离太阳近，因为那时的太阳最热。这样的难题，连孔子也"不能决"了。

实际上，不仅仅是太阳，当月亮或者星星在地平线上时，看起来也会比在天空中时更亮一点。一个合理的解释就是庞佐错觉。因为地平线附近有许多作为对比的事物，比如高山、房屋、树木等。这样对比起来，人们就会觉得太阳大了许多。

下面，让我们回到《指环王》的特效上面，来看一看，身材高大的甘道夫和如孩童一般高的弗罗多，是怎样神奇地出现在同一个画面上的。最常用的方法就是从更远的距离拍摄弗罗多等矮小的角色，从近景处拍摄甘道夫等身材高大的角色。

此外，在《指环王1》中，导演曾经为了拍摄霍比特人的小屋，制作了两套背景一致，但是大小不一的房间。在小一点的房间里拍摄甘道夫，在大一点的房间里拍摄霍比特人。由于房间布置一模一样，只要通过后期剪接，一个如天花板高的巨人和一个矮小的霍比特人就出现在同一个画面里了。

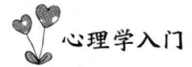

第四节 艺术与魔术——感知觉的妙用

我们知道,人体的感觉能够将环境中的物理刺激转化为大脑愿意接受的形式,比如眼睛将电磁波转变为颜色,耳朵将声波转变为声音。但这只是我们感知世界的第一步而已,大脑处理环境刺激的过程,永远要比我们想象得复杂。正因如此,即使是能够将感觉进行辨认、识别的知觉,有时也难免犯下错误。

在日常生活中,当我们质疑某一件事时,常常会说"耳听为虚,眼见为实",认为破解谣言的方式就是亲眼所见。可是,你是否考虑过,在某些情况下,即使眼睛见到的也不一定是真的,或者说你的眼睛也会骗你呢?

曾经有一位受过良好训练,并且拥有丰富经验的心理学家,他叫理查德。不幸的是,后来理查德的大脑受损,从而改变了他对世界的认知。

总体来说,理查德的大脑中枢并未受到影响,但是整个感觉信息的能力出现了不协调。当几个人同时出现在他的视野中时,他只能看到其中的一个,有时候,他还会将一个人看成是分裂的,比如头部离开了身体。

要将零碎的部分看成是一个整体,理查德可能需要一种知觉上的"黏合剂",就像我们处理拼图一般,将分离的画面拼凑到一起。比如,当被看成碎片的那个人从他眼前走过时,理查德需要特别提醒自己,才能将零碎的部分拼凑在一起，知觉成一个完整的人。

一旦这种知觉"黏合剂"出现了问题，理查德依旧会犯错。比如，人群中穿同一颜色衣服的人，会被他的眼睛给融合到一起；彼此分离但是颜色相近的东西也会被他看成一个整体，比如放在一起的香蕉、梨子、柠檬等。

从理查德的故事中可以推断，我们感觉到的东西，往往不是直接呈现出来的。彼此之间构成联系的东西，往往需要大脑进行加工，变得完整之后再反映出来。就像是拼贴一堆散乱的图案一样，必须先将散乱的部分拼在一起，才能在最后呈现出一个完整的图像。

国画中采用的留白技巧应用的正是这一原理。留白，就是在画作中留出空白。当然，白并非指没有，也不是作者的随心之作，而是一种创造意境的方式。就像齐白石画虾，他从来没有在虾的旁边画过水，只要在纸上留出几块空白之处，就能直观地表现出虾游在水中的意境。在张灵的《招仙图》中，他也是巧妙地应用了画面的留白，在空白的画卷上营造出清冷明月的诗境氛围。

在西方画作中，画家则喜欢通过光线、透视等手法，让人们将破碎的片段知觉为整体。在达利的作品中，《奴隶市场和消失的伏尔泰半身像》则恰到好处地应用了这一原理，显示出艺术的模糊性。

人们倾向于将不完整的图形看成完整的，倾向于将相似的物体组织起来。于是，当人眼看到一个目标时，目标的特征决定了大脑会将注意力放在哪里，同时，个体的期望和预想也会参与其中。于是，知觉的模糊性随之出现。这也解释了人们为什么会被自己的眼睛欺骗。

那么，当我们看到一些由零碎片段组成的图片，或者造成知觉模糊的两歧图形时，大脑又是如何工作的呢？目前人们更倾向于相信这一说法：当人看到一个画面时，大脑会在不同水平上同时加工接收到的视觉信息。

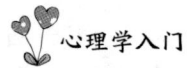

不过,奥利瓦和舒恩兹的研究证明,不同加工之间是存在一个时间差的。

研究发现,大脑首先处理那些粗略的信息,比如画面的大小、整体特征,然后才开始观察画面的边缘和细节。实验证明,对粗略特征的处理只需要 50 毫秒,对细节的记录却需要 100 毫秒。就像一个人站在纽约的中央公园,他首先看到的一定是街边的大楼,而不是走在街上的行人。

来自台湾的魔术师刘谦凭借其高超的魔术技巧红极一时。常言道,树大招风。可能是因为刘谦的名气太盛,同行相妒,也可能因为观众的好奇心太强,他每次表演结束仅仅几个小时过后,各种揭秘的帖子就出现在各大网络论坛和贴吧,甚至有一位知名作家在博客中扬言:"刘谦带了一个诈骗团伙来,演了一出话剧。"

当魔术在年轻人中流行开来,甚至成为人们休闲娱乐的一个途径时,人们不禁要问,魔术真的是骗人的吗?所有魔术师都是骗子吗?

作为职业魔术师的刘谦,曾经到北京电影学院做过一次名为《骗人的表演艺术》的演讲。演讲结束后,曾经有媒体问他:"演讲的题目为什么叫作《骗人的表演艺术》?"刘谦坦言道:"实际上,魔术师和电影演员都算得上是骗子,因为他们都在努力让观众相信,呈现在眼前的角色或者表演是真的。所谓的'演技',就是一种骗人的艺术。"

既然魔术师本人已经承认,魔术本身是一种欺骗,作为观众的我们也不得不承认这一事实。不过,相较于以诈取钱财为目的的骗子,魔术师只不过是用一种障眼的技术,营造了一种知觉上的假象。

魔术表演的过程,更像是一个互惠的过程,魔术师完成了技巧展示,观众也得到了娱乐。反观那些在网络上截取图片、画道具结构图的解密者,难道他们不是因为感兴趣才去研究,才想要知道魔术到底是怎样进行的吗?

而且,世界上所有的魔术,尤其是那些神奇的、无法破解的魔术,魔术师都巧妙地利用了心理学的规律,其中包括误导、暗示、错觉等心理现象。一些经典的魔术至今无人能解，可见表演者的技法独特，用心良苦。

1976年，魔术师大卫·巴格拉斯表演了名为"any card at any number"的神奇魔术。几十年来，由于其神秘的手法，至今无人能够破解，因此，人们将这个魔术称为"巴格拉斯效果"。由于魔术师本人对这一技术的保密，使得有人怀疑这个神奇的魔术并不存在，甚至有人认为这是一个谣言、一个错误报道，或者是一个精心策划的骗局。

由于年代久远和当时的技术问题，巴格拉斯当年的表演并未被录制下来，因此，后世的人们只能通过表演流程来猜测其中的奥秘。实际上，"巴格拉斯效果"的道具非常简单———一副扑克牌，表演过程也很简洁，是魔术史上操作最少，同时又产生了神奇效果的魔术。

不过，巴格拉斯效果必须遵循四个非常严格的标准：一是表演前需要展示扑克牌，证明没有重复的牌存在。二是由现场的一位观众来任意说一张牌，比如梅花J；当然，这个观众并不是托儿。三是由另外一名观众任意说一个数字，从1到52之间，任何一个就可以，比如22；同样的前提，这个人也不是托儿。四是魔术师会邀请第三名观众来数牌，结果真的在第22张牌的位置找到了梅花J。整个表演过程的重要环节是，表演者不会接触牌。

当然，如此神奇的技法令人拍案叫绝的同时，也引来了众多的质疑声。有人认为现场用的扑克牌是魔术师事先排好顺序的，有人则夸张地认为，全场的观众都是魔术师找来的托儿。巴格拉斯一开始选择了沉默，后来他决定用行动反击。当质疑他的人看过现场的表演之后，一系列质疑声也随之消失了。此后，除了惊诧之外，再也没有人怀疑表演的真实性了。

如今，类似"巴格拉斯效果"的魔术只有两段视频，一段来自刘谦的表演，另一段由美国电视台录制。相比之下，美国的那段更接近原版的效果，因为刘谦在表演的过程中，切换了几次扑克牌。

虽然巴格拉斯拒绝公开魔术背后的秘密，我们也能猜到，这个效果的

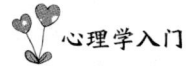

原理一定是来自心理学。表演者会通过暗示性的语言或者动作，诱导观众选择表演者想要展示的牌。

在"感觉"一节中，我们曾经提过心理学家丹尼尔·西蒙设计的那场"视而不见"的实验。实际上，西蒙除了将实验搬到实验室门口之外，还在一段篮球视频中加入了"猛料"。

实验者邀请被试观看一段篮球比赛的视频。被试的任务是计算其中三人的传球数。当然，实验者的真实目的并非如此。在视频中段，一位打扮成大猩猩的演员出现在了篮球场的正中央，他停留了片刻，并且做出一个捶胸脯的动作后才离开。视频观看结束后，实验者对被试进行了统计，结果发现有一半的被试没有发现大猩猩出现在视频中。

由此，心理学家认为，人们在全神贯注地注意一个目标时，就会自动忽视目标周围的环境，从而为注意目标节省资源，结果就出现了"视而不见"的现象。魔术师正是利用知觉注意的这一特点来"欺骗"观众的。

如果你有兴趣重新找到刘谦或者其他魔术师的表演视频，仔细观察一番你就会发现，在整个表演过程中，魔术师都在不停地说话或者做动作。他一边营造轻松的氛围，一边降低观众的防备心理。同时，动作和语言都成为新的刺激，比如手指活动、一个好玩的笑话，从而将观众的注意力吸引到别处，此时，他的魔术动作就能够悄无声息地完成了。

除此之外，魔术师也喜欢利用暗示来左右观众的选择。在扑克牌魔术开始之前，魔术师都习惯向观众展示一套新的扑克牌，以证明自己并没有作弊的嫌疑。接着，魔术师会对任意一位观众说："请随便选一张牌，记住它，但是不要告诉我。"于是，观众就真的根据自由意志选择了一张牌。实际上，大多数观众都会选择魔术师准备展示的那张牌，因为它在刚才的展示中已经出现了十次以上。而观众认为的"自由意志"，不过是不知不觉中受到暗示作用影响的结果罢了。

第三章
睡眠、催眠与梦——潜意识的苏醒

　　巴尔扎克就曾在白日梦中,与他在小说中的人物愉快地对话;作曲家勃拉姆斯也曾说过,音符总是在他冥想时,陆陆续续地从脑海中跳出来,助他写就了众多经典的曲目。

第一节　长睡不起的人——了解睡眠的奥秘

人的一生之中，有将近 1/3 的时间都是在睡眠中度过的。刚出生的婴儿每天要睡 20 个小时；即使是成年人，每天至少要睡六七个小时。

对于睡眠的功能，最普遍的观点就是消除身体的疲劳。科学家通过监控大脑活动发现，当人进入睡眠之后，位于大脑下方的脑垂体会释放出大量的生长激素。这种激素可以帮助身体代谢蛋白质，从而促进人体组织的生长和修复。

世界之大，无奇不有。虽然大多数人每天都用 1/3 的时间来恢复身体的疲劳，但也有一些人常常一睡不醒或者从来不睡。

英国有一位名叫塞缪尔·希尔顿的男士。他身体健康，没有疾病，也没有患上肥胖症。可是突然有一天，他倒在床上就开始睡觉，竟然连续睡了一个星期。周围人无论用什么方法都无法唤醒他，最后还是他自己醒过来的。

一年之后，希尔顿再次大睡起来。他的家人请来医生，用烟熏、用火烤，甚至给他放血都没有起作用。四个多月后，希尔顿再一次自然醒来。医生检查他的身体后，没有发现任何异常，也无法解释他长时间睡眠的原因。

和希尔顿恰恰相反，美国有一个人叫列奥波德·波林。在白天，波林可以连续工作十个小时，他不会感到疲惫，也不会头昏。到了晚上，他依

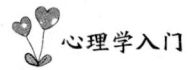

然精力充沛,可以继续工作十个小时。算起来,他一天之内只需要睡两个小时。

奇怪的是,波林的睡眠质量非常高,从来没有躺在床上辗转反侧的经历。他像所有熟睡的人一样躺在床上入眠,起来之后就可以继续工作。

对于这种现象,各路医生给出了不同的解释,有人认为他患上了极端的失眠症,有人觉得是偶然的事件激发了波林大脑的潜能,使得他不会感到疲惫。究其所以,医生依旧无法明确解释这一现象的成因。

常识告诉我们,如果由于加班、狂欢之类的原因一夜未睡,第二天我们一定会发困,感到疲劳,头昏脑涨,工作根本进行不下去。于是,很多人都很好奇,对于每天必须睡觉的正常人来说,如果几天几夜不睡觉,会出现什么后果呢?

1910年,曾有人用狗作为被试,进行了一次"睡眠剥夺"实验。结果,可怜的狗在经过293小时的不眠不休之后,不幸为科学实验献身。

此后,在1966年,一位来自日本的研究者对一名23岁的男子进行了"睡眠剥夺"实验。被试在连续101个小时不睡觉之后,并没有出现明显的异常变化,也没有因此而生病。他只是表现得有点精神不振,并且出现错觉和幻觉。不过,经过十几个小时的充足睡眠之后,他又重新回到了正常的状态。

后来,一些科学家招募了志愿者,进行了一次长达200小时的"睡眠剥夺"实验。实验者最后得出结论,"睡眠剥夺"并没有人们想象得那么严重。缺少睡眠对人的身体几乎没有什么伤害,比较严重的情况则完全来自心理上,比如长期不睡觉的人会感到疲劳、注意力难以集中、记忆力下降等。

如同那个日本男子的情况一般,实验之后,志愿者只需要痛痛快快地睡上十几个小时,所有症状都会消失。不过,个体之间也存在很大的差异。科学家发现，有的人几天不睡，日常活动依然能够正常进行，有的人哪怕一夜没睡，马上就会疲惫不堪，无法工作。

"睡眠剥夺"实验证明，对于正常人来说，睡眠是非常必要的，不睡觉会引起许多精神症状。不过，对于那些两天没睡好觉就自称失眠，神经兮兮地看医生的人来说，他们也应该坦然面对一时的失眠。大多数情况下，那些自称失眠的人都在"偷偷"地睡觉，只是他们本人不自知而已。

如果你始终能够安然入睡，那是生活中的一件喜事。对于许多患有睡眠障碍的人来说，晚上能睡个舒坦觉都是奢望。

无法享受良好睡眠的人，有的是由于自身的身体、心理原因，有的则是因为客观环境所致，比如工厂里的车间工人。由于工厂通常实行的是轮换制，那么，当一个人连续两个星期上夜班之后，就会出现轻微的睡眠障碍，包括无法入睡、多梦、惊醒等。

之前我们提过，人如果长期不睡觉，并不会对身体造成明显的危害，却有可能产生心理上的一些变化，比如感觉疲惫不堪，注意力无法集中等。正是人们心理上的这一点点变化，使得许多工厂频发作业事故。高速公路上的车祸，多数也都是由于驾驶员缺乏足够的睡眠，疲劳驾驶引起的。

美国宾夕法尼亚大学医学院的戴维·丁格斯教授研究了缺乏睡眠对人工作情况的影响。他招募了24位被试，并且将他们分成两组。一组被试一夜不睡，另外一组被试则保证充足的睡眠。之后，实验者会要求被试完成一些简单的任务，比如观察眼前的一幅图画，同时，实验者用脑成像技术对他们进行观察。

实验结果表明，一夜没睡的被试在完成注意任务的过程中，大脑中的一个区域会出现短暂地停止活动的现象，相比之下，睡眠充足的被试则不会出现这种情况。丁格斯说，人在一夜没睡的情况下，脑电波会变得不稳定，有时还会出现短暂的"死机"现象。对于驾驶员来说，一旦大脑在马

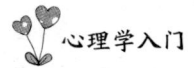

路上"死机",就可能导致重大的交通事故。

另外一些人也研究了缺乏睡眠者的心理情况。实验证明,长时间不睡觉的人会变得盲目乐观,倾向于做出缺乏缜密思考的决定。

实验者同样将被试分成了两组,一组被试缺乏睡眠,另一组被试获得充足的睡眠。随后,实验者要求被试参与现金赌博的游戏,从而比较睡眠缺乏对大脑的影响。结果发现,缺乏睡眠的被试往往不会从"避免过多损失"的角度考虑问题,反而会更乐观地"追求获利"。

脑成像技术的观察结果也是如此。缺乏睡眠导致大脑某些部位的活动增加;相反地,处理负面情况的部位活动减少。这种变化导致缺乏睡眠的人对客观情况无法进行准确的判断。换句话说,缺乏睡眠削弱了大脑的决策能力。因而,疲惫的司机才会带着侥幸心理,在高速路上铤而走险;长期加班、熬夜的医生才更容易制造医疗事故。

这一研究对那些长期熬夜、不按时休息的人来说是一个不错的警示。对于那些无法入睡或者睡眠质量不佳的人来说,却成了又一个需要担忧的问题。

在2000年的一项美国民意测验中,成年人中有超过一半的人报告自己曾经经历过或者正在经历失眠。长期的失眠让他们对自己的身体状况颇为担忧;同时,工作中可能发生的失误也成为他们新的困扰。然而,当那些声称备受失眠之苦困扰的人走进了睡眠实验室,由心理医生检测他们的脑电波时,却发现这些人的失眠根本不存在。

心理研究已经发现,人类的睡眠其实是一个反复出现的周期活动。研究者分析了人在清醒时和睡眠时的脑电波变化,从而发现了睡眠中的两个重要阶段——快速眼动睡眠阶段和非快速眼动睡眠阶段。

当你舒服地躺在床上,开始放松,渐渐睡着的时候,脑电波会渐渐慢下来;后期阶段,脑电活动开始增加,你开始进入快速眼动睡眠阶段,这时,你就开始做梦了。实验证明,人在快速眼动睡眠阶段的脑电活动非常像人在清醒时的模式。这一发现令研究者大感不解,因此一段时间内,人们将睡眠的这个阶段称为矛盾睡眠。

让我们重新回到失眠这一话题上。研究者对"失眠者"进行睡眠中的脑电活动检测时发现,这些人的睡眠情况和享受良好睡眠的人完全相同。也就是说,声称自己长期失眠的人可能只是主观上的感受,实际上,他们的大脑并没有停止休息。有趣的是,一些脑电活动出现异常,睡眠情况受到干扰的人,却并没有抱怨自己经历失眠。

实际上,失眠并没有人们想象得那么可怕。人们之所以会担忧失眠,很大部分是来自对睡眠的错误认知。很多神经症的患者会找医生说,我已经失眠一个星期了,会不会引起大病?会不会因此死掉或者疯掉?我是不是患上抑郁症了?

这些错误的认知引发了人们内心强烈的恐惧,从而使得睡眠质量越来越差,甚至真的开始失眠。实际上,人体自身存在一个自我保护机制,它会阻止人无限地清醒下去,即使主观上不去睡觉,它也会在一定时间之后强制身体入睡。除了非常特殊的个体之外,那些声称自己几年、几十年不曾入睡的人,都是一种错误的主观感受。

心理学家詹姆斯·马斯曾经报告过一些"偷偷睡觉"的人。一些飞行员曾经说过,他们偶尔会在工作中小憩一会儿,当他们醒来时,常常发现他的同事也在小憩;对于每天需要应付大量学习任务的中学生来说,有1/3的人会选择在课堂上睡觉,从而补充夜间无法满足的睡眠。

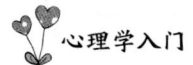

第二节 梦境与现实重合——梦与白日梦

从前,有一个住在山里的猎户,他和妻子在山脚下盖了一座茅屋。那里环境优美,景色秀丽,日子虽然过得清贫,但是两个人都在努力地经营着幸福的生活。丈夫白天外出砍柴打猎,将柴火和猎物送到集市上卖掉后,买回来生活所需的米和油。妻子则在家里织布、浇园、喂养孩子。

一日,天色已晚,丈夫伴着月光,兴高采烈地回到家里。妻子正要埋怨丈夫的晚归,只见丈夫手里拿着一盏精致的油灯。丈夫兴奋地说:"看,我买回来了什么?"

妻子错愕道:"你哪来那么多钱,买这么好的油灯?"

丈夫说:"我今天运气好,在集市上遇到了一个财主。他给了我一锭银子,买了我全部的柴火和猎物。"

"一锭银子可以多买些粮食,为何要买这油灯?"妻子疑惑地问道。

"孩子渐渐长大,你也要教他读书、写字,晚上有个油灯,也好让他多读些书,多识些字。"丈夫一边收拾着身上的工具,一边把手里的油灯小心翼翼地放在方桌上,嘱咐道:"这可要小心地保管,坏了就修不好,也再也买不到了——刚才回来的时候,山路太滑,我摔了一跤,差点没把这宝贝丢河底下去。"

妻子用心地把玩着手里的油灯,小心翼翼地收到了箱子里。从此以后,

第三章
睡眠、催眠与梦——潜意识的苏醒

这盏油灯变成了猎户家里最值钱,也最宝贝的物件。平日里,都会被妻子收在箱子里,只有到了晚上,她准备教孩子读书识字时,才会拿出来用。

不过,这盏珍贵的油灯也给猎户带来了困扰。自从上次差点失手把它丢到河里之后,猎户每天晚上都会做同一个梦,梦见油灯被人给打碎了。一日,猎户又做了这个梦,从梦中惊醒的他,连忙跟妻子复述了梦中的场景:"我看到一个模糊的人影,就站在我面前,想要打碎这油灯。我怎么阻拦,都好像使不上力气一样,最后,油灯还是被人打碎了。"

妻子说:"油灯我好好地收在箱子里了,不会打碎的,你不要胡思乱想了。"

早上猎户起床后,匆匆地吃过早饭,又到山上砍柴去了。可是,没过半日的时间,天气突变,山里下起了大暴雨,猎户只得慌乱地收拾了工具,向家里跑去。回到家后的猎户,还在惦记着昨晚的梦。他把油灯从箱子里拿出来,放在桌子上左瞧瞧,右看看,想要研究一下这油灯是怎么被打碎的。妻子在旁边一边织布,一边哄着哭闹的孩子,见丈夫傻愣愣地坐在那里,也不知道过来帮忙,顿时从心底蹿出一股火气。妻子喊了一声,他只答应着,却没有起身,等到妻子喊第二声时,猎户还是静静地坐在那里,一言不发。妻子气愤地从纺车上下来,手里拿着筶帚指着丈夫说:"你一直盯着那个油灯看什么,有什么好看的?好好放在箱子里,谁能去把它打碎?"丈夫转过身来,拨开了举在耳畔的筶帚,结果筶帚从妻子手中飞出去,径直地打在了油灯上,把油灯打得粉碎。这时,猎户恍然大悟:油灯原来是这样被打碎的。

俗话说,日有所思,夜有所梦。白天反复地思索着一个问题,夜里做梦,就特别容易梦到。不过,梦里所见,并不能成为白天现实的预言。就像故事中的猎户,他之所以一直梦见油灯被打碎,一是因为这盏油灯对于他家来说,太过珍贵,他非常珍惜,内心深处特别害怕它被打碎;二是因

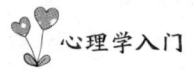

为他曾经有过一次摔倒后差点把油灯掉进河里的经历,因此,担心更加强烈。可是,最后油灯被妻子打破,仿佛猎户梦里的场景再现,实在是梦境与现实的巧合罢了。

按照弗洛伊德的理论,梦境并不具有预见未来的功能,它是大脑对现实的反映,也是现实中的内心期望在梦中的实现。比如,一个人在寒冷的屋子里睡觉,熟睡中翻身,不小心从被子中露出双脚,他会梦见自己光着脚,在刺骨的寒冰上行进,就是因为身体受到了环境中的刺激,意识反映到了梦境中。再比如,空腹睡觉的人会梦见自己饥饿难耐,到处寻找食物;受膀胱压迫的人,会梦见自己有便意,到处找厕所;双手放在胸口上,会梦见自己被重物压住,身体不能动弹;等等,这都是身体受环境因素影响,意识做出的适当反应。

另外,小时候,我们总会期待出差的爸爸能带回来新的玩具,结果晚上做梦时,爸爸就真的买了新玩具回来;应对考试的学生,常常在梦中解出来自己答错的考题;正在热恋的女孩子,梦见自己穿上了婚纱,成为世界上最漂亮的新娘……这些梦境,则成为现实愿望在头脑中的满足。就像有人喜欢深夜工作,早上贪睡而不愿起床,因此常常在早上梦见自己起床梳洗,出门上班,仿佛心理上有了交代,继续睡下去也就心安理得了。对此,弗洛伊德说:"愿望在梦中得到满足可用来维持精神的平衡,同时也是为了保护睡眠不受干扰。"

每个人都需要睡眠,每个人都会做梦,但是,我们更需要用理智的态度、科学的方法来分析梦中的场景,结合自身的心理状态,通过梦中出现的事物和情节,更全面地认识自己。说到梦,我们顺带着了解一下另一种特殊的"梦"——白日梦。

在课堂上,你是否常常出神地望着窗外,琢磨着周末去哪个朋友家玩儿,却常常被老师提醒,"某某同学,你又走神了";在会议上,你是否

第三章
睡眠、催眠与梦——潜意识的苏醒

经常被领导责备,"又发什么呆呢";或是在大街上,你看着广告牌上的标语,就痴痴地停在了下面,直到路人一边推搡,一边不耐烦地说"麻烦您让一让",才回过神来。

这些走神、发呆和胡思乱想,就是经常被人提到的——白日梦。白日梦是人在头脑清醒的时候,产生幻想情节的一种心理活动。比如,在商店购物的间歇,幻想自己中了五百万的彩票大奖;或是在工作的空隙,幻想自己飞到了马尔代夫,躺在柔软的沙滩上,享受着舒服的日光浴。

可是,老师总是习惯将学生的上课走神看作学习不够积极;老板也不喜欢在开会时仍然心不在焉、心思跑到九霄云外去的员工。人们总是喜欢贬损"发呆"或是"三心二意"的人,因为这样的人,表面看起来很麻木,精神状态如同一潭死水,他们的时钟似乎已经停止,意识也渐渐减速,思想早已不在现实中,游移到不可知的他处。其实,他们不过是在做白日梦罢了。

呆板木讷不过是做白日梦者给我们的假象。人在做白日梦时,看似大脑和肢体都处于静息状态,实际上此时的大脑思维却是最活跃、最具有创造力。诗人布罗茨基就曾写道:"心不在焉,如同窗口,若其敞开,切莫合上,而要任其大开。"他认为,人的心不在焉,或是与之相似的出神状态,都能够激发创造的灵感。巴尔扎克就曾在白日梦中,与他在小说中的人物愉快地对话;作曲家勃拉姆斯也曾说过,音符总是在他冥想时,陆陆续续地从脑海中跳出来,助他写就了众多经典的曲目。

马小军小时候是一个非常调皮,喜欢做白日梦的小男孩。上课的时候,他就常常看着前排的同学,幻想出一场由他指挥的战争。他想象着,在强大的敌人面前,他调动着千军万马,指挥着坐在第一排的小胖和同桌马宇,还有手下的百万精兵。他一路过关斩将,拼死杀敌,立下了许多战功。可是,每次眼看着就要夺下城池了,老师的粉笔头都会百发百中地扔

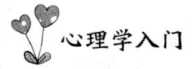

到他的头上,"马小军,你又胡思乱想什么呢?"

所有的老师都知道马小军的成绩不错,就是调皮贪玩,上课爱走神,脑子里老想些乱七八糟的故事,所有同学都会在他被老师丢粉笔时,放声地大笑,朝他做各种鬼脸。可是,他仍旧抵抗不住白日梦的魅力,时而化作领众加勒比海盗的杰克船长,时而化作义盖云天的江湖大哥,他还想象过自己身上长出了一双翅膀,飞到了天空之城,好像神祇一样,从遥远的高空俯瞰着大地。穿梭在各种身份和奇妙的幻境之间,马小军觉得很快乐,也很满足。

上了中学后,身边的朋友换了,生活的环境换了,老师换了,课本也换了,唯一没换的是依旧喜欢做白日梦的马小军。越发聪明的他,总是被大人期望,能够取得更好的成绩,他却总是在埋头书本时,再次回到他的"太虚幻境"。马小军一边听着老师讲课,一边幻想自己成为大学教授,教出了很多优秀的学生,还成为非常有名的学问家;或者幻想自己成为一个非常有钱的企业家,坐着名贵的轿车,身后跟着十几个助理。他在白日梦中构思未来,也在白日梦中找到了人生的目标。

当所有人都预言,马小军以后不会是个有出息的人时,他却凭借一部获奖的小说,被保送到当地的一所重点大学。在氛围自由的大学校园里,马小军继续做着他的白日梦,并且将他多年来积攒的人物一一写进了小说里。无论是帮派老大,还是英勇的将士,都被他描写得栩栩如生。如今,马小军已经成为一位知名的小说家,他依然在做着各种各样的白日梦,并且把白日梦当作他写作灵感的重要来源。

从心理学的角度来说,做白日梦是一种松弛神经、消除紧张的重要方法。如果说夜间睡眠时做的梦,是一种内心愿望的变相转化,那么,白日梦简直可以成真。在白日梦中,无论是加薪、升迁、出国留学,还是娶妻、生子、成为百万富翁,都能够成为现实。这些白日梦的内容,往往就是做梦者内心最关注的事情和最迫切的愿望。在白日梦中，由于客观条件和传统限制一一消失，做梦者可以自由幻想，也可以对幻想的目标深思熟虑，反复强化。有时候，白日梦还能够帮助做梦者在现实中找到解决办法。

有了白日梦，生活中的缺憾仿佛少了许多。白日梦让很多人体会到一种由衷的快乐，而且，当白日梦构思周全、细节详尽时，做梦者还可以亲自尝试一下。有行动力的人，即使痴迷幻境，也会在白日梦中渐渐规划自己的生活，借助梦想的力量，开始自己翩然飞舞的人生。

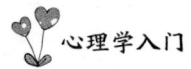

第三节 神乎其神的催眠——真实的催眠术

电影《双雄》中,由黎明扮演的心理医生大炫了一把催眠的技术:他坐在郑伊健扮演的警察对面,用警察心里一个深藏的秘密吸引了他的注意力,很快,警察进入催眠状态。他不由自主地开始移动,然后打开保险柜,偷走了里面的钻石。当其他警察赶到时,他才终于清醒过来,发现自己可能杀了人。此刻,心理医生已经解开手铐,逃之夭夭了。

在电影《沉默的羔羊》中,汉尼拔通过回忆,让史黛琳想起了童年时期那只待宰的羔羊,进而使她进入了催眠的状态。被催眠的史黛琳看到了汉尼拔正在惩罚那个受贿的上司,并且请他吃自己的大脑。随着催眠的进行,汉尼拔慢慢解开了史黛琳内心的矛盾。

许多电影中都涉及催眠的环节,最经典的镜头莫过于催眠师拿着一只怀表,在被催眠者的眼前晃来晃去,被催眠者只要用眼睛盯着怀表几秒钟,就会失去意识,陷入催眠状态。实际上,电影中的催眠十有八九都是虚幻的假象。世界上尚没有一位催眠师通过说几句话就能对人进行催眠,也没有哪个人受暗示五分钟不到就进入了催眠的状态。

一项抽样调查显示,在不使用药物的情况下,有一半人对于催眠没有任何反应,其他大部分人会有轻微的反应,至于进入深度催眠的人,则是人群中的极少数。至此,我们不禁要反思,当心理治疗的知识和方法变成大众娱乐的产品时，有多少能够呈现真实？又有多少人始终在误读催眠术？

实际上，一个相对客观的催眠场景是这样的：一位催眠师正在给一班学生演示催眠。几个学生坐在教室前面，催眠师让他们放松，然后引出导语，使学生慢慢进入催眠状态。于是，学生们变得昏昏欲睡。催眠师告诉学生："此刻，你正处在一种深度催眠状态，并且将会按照我说的话去做。"

催眠师接着说："现在，有一个重物，正在用力向下拉你的胳膊。"一会儿，学生的手臂真的开始下垂，就像真的有重物在拉他们的手臂一样。不过，每个人的反应都不同。有的学生很快就垂下手臂，有的学生则需要重复好几次指令，手臂才慢慢向下动，有的学生则根本不受影响。

接着，催眠师说："一只苍蝇正在你们的头顶嗡嗡叫。"如你所料，有人抬高手臂，试图拍打想象中的苍蝇，有人反应缓慢，有人则根本不动。催眠师提醒观众说："如果我没有特意提醒，当他们醒来后，他们将不会记得此刻发生的事情。"演示的学生醒过来后，催眠师问他们是否记得当时的过程，有人的确什么都没记住，有人记起来一些片段，有人则将过程完整地叙述了一遍。

可见，不管催眠师的技艺多么高超，最终决定催眠质量的依旧是被催眠者的个人特质。一般情况下，在被催眠之前，催眠师都会对其进行一个"受暗示性"的测试。比如，让被催眠者闭上眼睛，然后拿出两个重量相同的物体让他去掂量一下，并问："你感到哪一个物体更重？"还可以让被催眠者闭着眼睛去闻两个无味的盒子，并问："哪个盒子有香味？"测试的结果会说明被催眠者的受暗示性，也会决定催眠的质量。

下面，我们来看一个催眠史上的经典案例，来自催眠大师米尔顿·艾瑞克森。

曾经有一位年轻女士向艾瑞克森求助，她说："我现在的体重是180磅，我的目标是130磅。我曾经尝试过减肥，并且成功了许多次，可是，

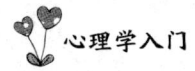

当我的体重成功降到130磅时，我就忍不住想要大吃大喝，庆祝自己的胜利。没过多久，我的体重就又回来了。您能利用催眠术帮我回到130磅的体重吗？"

艾瑞克森说："我可以帮你减轻体重，不过，我采用的方法你恐怕不会喜欢。"这位年轻的女士表示说："只要能让我回到130磅的身材，任何方式我都能接受。""可是，这个过程非常难熬，会令你非常痛苦的。""没关系，我保证，只要是您的要求，我一定全部照办。"

于是，艾瑞克森将她引入了催眠的状态。在催眠状态中，艾瑞克森再次重申了刚才的问题："你一定不会喜欢这种减肥方式的。"在催眠状态下，女士再次承诺，她一定会按照艾瑞克森的指示行动。随后，艾瑞克森对她说："那么，你就这样做吧。你现在的体重是180磅，你还应该再增加20磅，当你的体重达到200磅时，就可以开始减肥了。"

在以后的日子里，女士的体重一直在上升。每上升1磅，她就会找到艾瑞克森，请求开始减肥。当她一下子增重10磅后，她感到非常懊恼，并且希望能够收回承诺，开始减肥。当然，艾瑞克森是不会答应她的。即使当她到了199磅，艾瑞克森依然没有答应她的请求。

终于体重达到200磅后，她开始了减肥工作。遵照医生的指示，很快，这位女士的体重就回到了130磅。和以往相比，她不再用大吃大喝来庆祝减肥成功了。因为她再也不愿意经历一次增重20磅的痛苦过程了。

催眠术到底是怎么回事呢？有人认为，催眠术是打开人类潜意识的大门；有人认为，催眠是一种半梦半醒的睡眠状态；有人则干脆说，催眠术不过是一种伪科学，是唯心主义的发展。无论催眠术存在多大的争议，至少有一点是毋庸置疑的——人在催眠状态下受意识控制程度最弱，最容易接受外界的暗示。

在普通人看来，催眠好似一种不可思议的神秘技术，就像古代巫师或

第三章
睡眠、催眠与梦——潜意识的苏醒

者魔法师拥有的强大力量一样，一旦某个人被催眠，就会完全失去理智，任人摆布，做出很多违背自己意愿，甚至是犯罪的事情来。在心理学家看来，催眠是一种心理治疗的手段，也是一种随时出现在生活中的现象，它可以出现在杂技、魔术的表演中，也可以出现在沉静身心的瑜伽运动中。催眠应用在心理学上，则主要用于治疗心理疾病、解决心理困惑，就像电影《无间道》中梁朝伟饰演的卧底警察的心理医生一样，帮助他达到身心放松，找到心中症结，治疗心理疾患的目的。

如果对催眠术追根溯源，时间就要回到古希腊时代。催眠术一词，源自希腊神话中睡神的名字，指的是运用心理暗示的方法，和受术者进行潜意识沟通的一种技术。因为人在清醒时，潜意识出于自我保护的功能，会对外界的信息持怀疑或抵触的态度，而当受术者进入催眠状态时，施术者就可以通过引导，将受术者心中的焦虑、恐惧、抑郁等负面情绪，替换为放松、勇气、自信等积极的情感。在古埃及和古希腊，神庙中的祭司都会用类似催眠的方法为信徒治病；在古代印度，婆罗门的打坐和佛教的坐禅，也是一种类似催眠的行为。

弗洛伊德以他的精神分析享誉天下，在他的心理研究初期，也曾多次运用催眠的方法，为他的病人解决难题。当时有一位太太，生育后无法给孩子喂奶，经人介绍后，她来到了弗洛伊德开设的诊所。当时对催眠术有浓厚兴趣的弗洛伊德，果断地为她实施了催眠术。他向这位处于催眠状态中的太太反复地暗示：你的奶水很好，喂奶是一个令人愉快的过程，等等。两次治疗之后，这位太太顺利康复，同时，这也印证了弗洛伊德运用催眠术的成功。后来，弗洛伊德运用催眠术帮助了很多人，在他积累的众多案例中，最有名的就是一位化名安娜的患者。

安娜是一个出身名门的小姐，她的母亲是一位善于交际的妇人，与当时的金融家、社团领导和社会上的知名人士都有来往，她的兄长也是当时

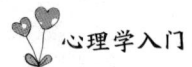

有名的绅士。安娜自小聪慧,智力过人,会说流利的英语,能用法语和意大利语阅读。她还会骑马和刺绣,写过多篇简短的小说,并且出版。她从小过着上流社会富足的生活,成长期亦无任何创伤。不过,她有时候过分固执,情绪上略显轻微的夸张,时而高兴,时而忧郁。

安娜21岁时,她一直深爱的父亲患上了胸膜周围脓肿。安娜和母亲共同照顾父亲,不到一个月的时间,她开始出现虚弱、贫血、厌食和睡眠紊乱等症状,随后症状渐渐加重,身体出现痉挛和麻木,最后卧床不起。直到四个月后,父亲去世,她爆发出短暂的情绪激动,之后陷入了深度昏迷。经过一段时间的催眠治疗后,她可以在一种"云雾"幻觉的状态下平静下来,她的意识渐渐清醒,能够讲述白天的事件,也能够非常理智地工作、写字或者画画,并且显得安静而快活。

她最显著的一个症状,就是在长达六个星期的时间里,即使干渴难耐,也不能喝水。经过催眠治疗,她讲述了自己的童年片段。有一段时间,她一直由一位自己并不喜欢的家庭教师教授课业。一次,当她走入这位女家庭教师的房间时,她看到一只狗正从玻璃杯中喝水,这一举动引起了她的厌恶,可是,由于受到尊敬师长的道德约束,她只好默不作声。可是,这一场景已经深深地印刻在她的记忆里。在催眠中,她重新体会到当时的厌恶,并且尽情发泄了她的愤怒情绪。几次治疗后,她无法喝水的症状彻底消失。

安娜在治疗中重新体验了以往的创伤性事件,并且借由催眠的状态宣泄了压抑的情感,症状由此得以缓解。她自己称这种方法为"谈话疗法",这也是几年后,弗洛伊德开始对他的病人正式实施的"催眠宣泄法"。

在国外,催眠不仅用作公共服务,出色的催眠师还会协助警方,帮助破案和缉凶。在"九七回归"前的香港,曾发生过一桩离奇的案件,当然,案件的诡异之处不在于凶手作案手法的奇特,而是破案过程的不可思议。当时，港岛中学的两位英国籍学生被杀，警方为了获得更多的细节和证据，请来一位心理学家对当时一位证人进行催眠。证人是一位不懂英语、满口乡音的女菜贩，在接受催眠后，她竟然用流利的英语讲述了案发的详细过程，说到激动之处，她甚至发出凄厉的叫声，仿佛亲临犯罪现场一样。案件很快得以侦破，不过，这其中的原因，至今无人能够解释。

但是，无法解释的事件，并不能说明催眠就是一种伪科学。催眠是一项专业的心理治疗技术。催眠师运用专业的技术，降低受术者的意识警觉，引导受术者进入一种恍惚的状态，此时，受术者并未进入睡眠，只是意识强度降低，进入了一种意识模糊、极易受暗示影响的阶段，就像电影《盗梦空间》中讲述的"意念植入"，催眠治疗的过程，就是意念植入的过程。受术者接受"房间正在变冷"的暗示，身体就会感觉到冷，并且全身起鸡皮疙瘩，接受"温度逐渐升高"的暗示，就会满头冒汗，浑身燥热。不过，电影中的一些精彩桥段仍然存在过分夸大的嫌疑，比如一块手表在眼前晃动就能将人催眠，或是几句话就让受术者意识模糊，在现实中这样的操作并不容易。

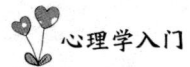

第四节　影响潜意识——奇迹般的心理暗示

曾经有一位心理学家，他对一个已经被宣判死刑的囚犯说："我们这次选择放血的方式为你执行死刑，你的血液会用作科学实验研究，当作你人生最后对人类的一种贡献。"死囚点点头，说："我犯下了太多无法原谅的罪行，如果我的血液能帮助科学研究，也能够减轻一些我内心的罪恶感。"

于是，心理学家安排死囚躺在了一个小房间的床上，一只胳膊透过单向玻璃，伸到隔壁的房间去。在死囚的房间里，他只能听到心理学家和助手说话的声音，却看不到他们的动作。他听到各种器材碰撞的声音。心理学家和助手正在紧张地忙碌着，为稍后的放血做准备。

助手问心理学家说："准备5个盛血瓶够用吗？"心理学家回答道："恐怕不够。这个人块头挺大，血量应该不小，还是准备7个吧。"两人话音刚落，死囚就感觉自己的手臂被刀尖划破，温暖的血液从血管里一滴一滴地滴进了瓶子里。死囚感觉自己身体里的血液正在一点点地流出体外，对死亡的恐惧也越来越强烈。等血液滴到第三瓶时，死囚休克了过去，到了第五瓶，死囚已经停止呼吸和心跳，完全死亡，并且，他的死亡症状和失血过多而死完全一致。

其实，死囚并没有被放血，心理学家和助手的对话，不过是为了给他强烈的心理暗示，让他相信，放血死刑正在执行。而且，助手只是在他的胳膊上轻轻划了一下,并没有划破血管。流出他体外的"温暖血液",也是出自放置在他手臂上的一根流淌热水的细管。细管里的水一滴一滴地滴进瓶子里,给犯人造成他的胳膊正在流血的假象。所以说,这名死囚并非死于失血过多,而是强大的心理暗示,让他死于内心的恐惧。

人的心理非常复杂,意识活动经常受到外界环境的影响,同时,我们也根据心理暗示的程度,改变着自己的行为。面对困难,积极的心理暗示可以改变心态,调整心情,让自己微笑着面对一切;消极的心理暗示,却常常会让原本举步维艰的困境雪上加霜。

比如,一个在考场上异常紧张的学生。现在他的大脑已经一片空白,看着眼前的题目,感觉非常熟悉,却一点思路都没有,一个答案都想不出来。如果他能够运用积极的心理暗示,安慰自己说:"别紧张,这不过是一次考试而已,不能代表我的实力,也不是决定生死的战场。我只要把我知道的都写出来就可以了。"稍事休息后,他就可以镇定地看着考卷,慢慢找回头脑中的记忆。可是,如果他运用了消极的心理暗示,越是紧张,越是想不出答案,还不停地自责说:"我怎么这么笨?这么简单的题目都不会答。如果连这样一个小考试都考不好的话,未来怎么参加大型考试?"这样后果只能越来越糟糕,他不仅会搞砸这次考试,甚至还会影响以后的学习和考试。

生活中有很多积极的心理暗示,但消极的心理暗示也随处可见,比如整天骂自己孩子"你个猪脑子"的妈妈;缺乏自信,相信自己永远是一只丑小鸭的小女孩;还有对自己的爱情不能坚持,任由爱人远走他乡的年轻人……有一个人,甚至因为可怕的消极暗示,失去了宝贵的生命。

他是一个冷藏库的保管员,多年来从事冷藏工作,对冷藏室的温度和危害都非常熟悉。可是他生性胆小,一直害怕会被关进冷藏室,无人救助,最后被活活冻死。他的同事看到他谨慎的样子,经常开他玩笑说:

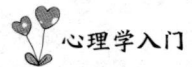

"胆小鬼,哪天我们就把你扔进冷藏室里待一宿,看你怎么办。"因此,他工作时一直小心翼翼,尽量避免在冷藏室里停留太久。

有一次,他的同事们搬完货物后,真的无意中将他关进了冷藏室。心中极度恐惧的保管员,一边敲着墙壁,大声求救,一边担心自己多久会被冻僵,多久会被冻死,结果,第二天早上,他就真的被"冻死"了。

然而,他的同事并没有开启冷藏室的电源,冷冻机也没有工作。一整个晚上,冷藏室的温度和室外温度都差不多,他不可能是被冻死的。而且,他被困的冷藏室空间巨大,也不存在窒息的可能。唯一的解释就是天生胆小的他,一边面对空无一人的环境,一边担心自己的状况,在一整夜不间断的心理暗示下,内心的恐惧战胜了理智,最后自己把自己"冻死"了。

心理暗示除了通过意识和潜意识的沟通,改变人的心理状态之外,还能够在行为的一些细节上,帮助人积极地面对生活。比如,走路时养成抬头挺胸的习惯,会让自己觉得整个人特别有精气神;出门前对着镜子整理仪表,并且对镜子里的自己说:"今天你真漂亮!"或者说话时谈吐清晰,大方得体,都会让自己感到自信沉稳……这些看似微不足道的生活细节,时间久了,却可以在不知不觉中,改变一个人的生活态度。

积极的自我暗示可以调整心态,让生活充满阳光;给予他人积极的暗示,也可以给别人的生活带来巨大的改变。真诚地赞美他人,表扬别人的优点,感谢朋友的帮助,这些都是具有积极意义的心理暗示。

美国的心理学家罗森塔尔曾在一所中学里做过一个实验。他在学校的众多班级中挑选了一个班级,在班级的学生名单上,随便地挑选出几个学生,然后,他找来学生的老师和父母,对他们说:"经过我的观察和测试,这几位学生的智商很高,他们的未来会前途无量,请你们一定要好好教育他们。"他又找来被选中的几名学生,对他们说:"或许你们不知道,你们都是非常聪明的孩子,比学校的任何一个学生都聪明。"

几个月后,罗森塔尔又来到了这所中学。如今,当时被他选中的几位同学,已经成为学校最优秀的学生,无论是文化课上,还是创造发明,都表现出惊人的能力和创新想法。心中充满感谢的老师对罗森塔尔说:"您的眼光真是独到,他们真的是智商很高,比其他人都要聪明的孩子。"谁知,罗森塔尔竟然不以为然地说:"其实,这几个学生只是我随便选择的,我并不知道他们的智商是多少。"面对一脸疑惑的老师,罗森塔尔把整个实验的来龙去脉一一说明,他们才明白,原来这都是心理暗示的功劳。

爱米尔·库埃说:"每一天,我们都以各种方式,让自己过得越来越好。"快乐和自信往往来自积极的心理暗示,而消沉和自卑,则常常来自消极的心理暗示。面对困难或困境时,运用积极的暗示,练习对困难微笑,练习做最好的自己,才会拥有幸福快乐的生活。

第四章
往事历历在目——记忆、遗忘与失忆

  在短时记忆内,人们平均只能记住 7 个项目,无论是 7 个数字也好,7 个地名也好,短时记忆的量都不会继续增加。这个规律后来被称作"神奇的 7±2 法则"。

第四章
往事历历在目——记忆、遗忘与失忆

第一节　为什么是 7±2——瞬时、短时与长时记忆

你或许不知道，如今被大众广泛了解的记忆，曾经是一个披上神秘色彩的心理学词汇，吸引了许多古今中外的学者，也引起过全人类的关注。那么，究竟什么是记忆呢？《辞海》的解释为：保持在脑子里的过去事物的印象。而心理词典里是这样定义的：记忆是过去经验在人脑中的反映。

我们所有的学习、工作、掌握知识、开展研究，都要依靠记忆。世界发展到今天，人类能够记录漫长而又详尽的发展史，也是因为人类大脑中存有对过去的记忆。相信每一个单独的个体，也都希望拥有过目不忘的记忆力，能够把所见所闻的信息，都储存在大脑中。可是，你知道记忆到底是怎样构成的吗？

假设，你正站在一条悠闲、雅静的街道上，注视着周围的一切活动，大约十秒钟后，如果让你闭上眼睛，你能记起什么？如果问你，穿蓝色衣服的小男孩手里拿着什么东西？走在你前面的小女生在干什么？街道右边的妇女，她的雨伞是折叠伞还是长柄伞？对于这些问题，你可能毫无印象，但如果能睁开眼睛再看一眼刚才的场景，你会感觉更轻松一些，更容易回答吧。否则的话，街道上的场景，将永远变成一幅模糊的风景画，氛围好像仍然在脑海里盘旋，细节却永远都想不清楚了。

人们之所以回忆不出刚刚看到的一个场景，是因为刚刚启用的感觉记

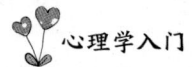

忆，保持时间太短，外界刺激在不到一秒钟的时间里，瞬间即逝、须臾即忘。你的眼睛和耳朵能感觉到身边的事物，大脑却来不及对它们进行加工和重复，因此眼前的一切都在呈现后的一秒钟内消失，并且永远不能恢复。

感觉记忆，又称为瞬时记忆，是大脑记忆的一种，另外两种分别为短时记忆和长时记忆。这三种记忆，是按照保存时间长短来分类的。其中，短时记忆保存时间在一两分钟之内，因此，有人又把短时记忆比作电话号码式的记忆，好像一个想要打电话的人，他需要先查找号码，然后心里默念着号码，立刻拨号，电话接通之后，号码随即忘掉。在日常生活中，短时记忆随处可见，如学生上课一边听课，一边记笔记；打字员一边看稿件，一边打字；同声传译的人从听到信息到翻译成外语。

长时记忆是保存信息时间最长的记忆方式，通常从一个小时到一生不等。经过长时记忆加工的信息，会在头脑中留下深刻的痕迹，即使有时遗忘，依旧能够按照线索提示，重新想起来。这些线索可以是一个词语、一个表情、一个具体的场景或是一个熟悉的动作，当我们想要回忆时，这些线索就像图书管理员的标识一样，按照不同的标识，我们可以顺利地找到放置在不同地方的信息。

下面，我们重点探索一下短时记忆的奥秘。

如果有人在你面前展示"普通心理学"一词，你会用什么方式记住它呢？一般情况下，对于心理学学者来说，他会看到一个完整的词汇"普通心理学"，因为这是心理学学者必修的一门专业课；对于略懂心理学的人来说，他可能会看成"普通"和"心理学"两个部分；对于完全不懂心理学，或者刚刚接触组合词汇的小学生来说，他可能会看作"普""通""心""理""学"五个字的组合体。

至于为何会如此，我们可以先看一下认知心理学家乔治·米勒的研究。

虽然人们非常清楚，在这三种记忆中，短时记忆对整个记忆过程非常重要，但是尚且没有找到更确切的观点和证据。直到1956年，乔治·米勒发表了一篇名为《神奇的数字7±2：我们信息加工能力的局限》的研究报告，才彻底改变了这一局面。

当时，米勒做了一个实验，他给出一行杂乱无序的数字，要求被试尽可能多地记住并且默写出来。实验的结果显示，被试最少能够默写出5个数字，最多能默写出9个数字。为什么被试的成绩会徘徊在5和9之间？这一结果引起了米勒的兴趣。

通过进一步的研究，米勒终于发现，原来5到9之间的任务量，是短时记忆的容量法则。也就是说，在短时记忆内，人们平均只能记住7个项目，无论是7个数字也好，7个地名也好，短时记忆的量都不会继续增加。这个规律后来被称作"神奇的7±2法则"。

有趣的是，这7个项目的容量却是可以无限增大的。比如给出一串无意义的数字：2471530121987。如果单个记忆这13个数字，按照记忆的容量，人们最多只能记住9个，就会有4个被遗忘。按照"7±2的法则"，我们可以将"24"看作24小时，将"7"看作一个星期，"15"看作半个月，"30"看作一个月，"12"看作一年，"1987"则恰好是一个年份，这样的话，原本的13个记忆任务就变成了6个，记忆容量完全可以承担，一串数字也就可以被轻松记住了。如果"247153"或者"121987"是你的银行卡密码，记忆起来就更加容易了。

像"24""15""1987"这种被拆分出来的项目，被米勒命名为"组块"。它是一个有实际容量的单位，只不过容量的大小并不是一成不变的。如果记忆项目之间的联系紧密，甚至可以缩小为一个组块，这样每个组块的容量就会变大，相对应地，数量就会变少。比如，19190504。对

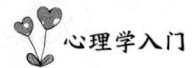

于不了解历史的人,它是一串由八个数字组成的记忆项目,了解历史的人就会知道,这是五四运动爆发的时间。一瞬间,原本的8个记忆组块就变成了1个记忆组块,记忆任务也会减轻许多。

米勒这一概念的提出,终结了心理学研究多年来由行为主义统治的局面。心理学家开始重新关注心理过程,也开始关注刚刚兴起的认知心理学派。同时,组块的概念也很快进入人们的生活,尤其是学生的生活,成为帮助学习、提高记忆能力的一个重要方法。

在学生的课业中,记忆单词应当属于最令人头疼的事情了。幸运的是,利用组块的方式来记忆却可以有效地减轻学生识记单词的困难,节省时间和精力。比如,如果一个字母一个字母地记忆"Mississippi"需要记住11个组块,但是如果将其分成Mi-ssi-ssi-ppi,则只需要记住4个组块,大大提高了记忆的效率。

第四章
往事历历在目——记忆、遗忘与失忆

第二节　此情此景似曾相识——情景记忆

牛顿在专心研究时，除了少量的时间为了锻炼身体而出门运动，其余时间都待在他的书房里。在那里，有他最感兴趣的物理研究，也有他所作研究的原稿与资料。可是，一次无心的错误，却让他长久以来的研究记录一瞬间化为了灰烬。

那是一个星期天，牛顿按照惯例要去附近的教堂做礼拜。等他下午回来时，却发现书房刚刚经历了一场火灾，放在书桌上的许多珍贵的手稿和研究资料都付之一炬。牛顿感到非常沮丧的同时，更加觉得疑惑不解。他清楚地记得，离开前他吹灭了房间里所有的蜡烛，桌子上除了一块普通的玻璃板，没有任何东西。家里的仆人那时正在院子里收拾杂物，并且仆人保证说："在您去教堂期间，没有任何人进过您的房子，自然也不会有人进入书房。"

牛顿心里一直惦记着这次失火，可是，重新投入研究的他，并没有把太多精力用于追查真相。直到过了两个星期，又到了去教堂做礼拜的星期天。牛顿像往常一样，早晨起床后，洗脸、穿衣，准备吃过早饭就出发前往教堂。洗脸时，当他抬起头来，对着镜子，看到自己脸上正在滴落的水珠，突然，他的脑海里浮现出两个星期前的场景。当时，他也是在这面镜子前洗脸，一边洗脸，还一边思考着刚刚写完的论文。他突然想到论文有

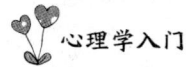

一个地方阐述得不够充分,需要补充几个细节。于是,脸上的水滴尚未擦干,他就迫不及待地来到了书桌旁,将心中所想马上写到论文里。全部补充完毕后,他才用毛巾擦干了脸,换过衣服,朝教堂走去。

"哎,我真笨,原来是我自己引起了火灾。"牛顿自言自语道。

原来,就是牛顿脸上的水滴,导致了书桌上的稿纸起火。他脸上的水滴落在了书桌的玻璃上,由于表面张力的关系,水珠变成了一个半圆形,功能相当于一个小凸透镜。这样,水珠将太阳光聚集到一点,经过长时间的烘烤,温度达到了纸张的燃点,自然就引燃了桌面上的书稿。

牛顿之所以能够找到书稿起火的原因,很重要的线索就是他脸上的水珠。根据脸上水滴的提示,牛顿回到了两个星期前的相似情景中,利用情景再现的方法,回忆起当时的情况,查明了事实真相。他所回忆的场景,就是心理学上经常提到的——情景记忆。

所谓情景记忆,就是一个人亲身经历后,对一个时间、地点和事件发生环境的记忆。比如,你回忆起昨天在公园里遇到了一个久违的朋友,并且和他攀谈了几句;或者,你突然听到了一首小虎队的歌,就回忆起当年听歌时的心情、一起听歌的人,还有当时喝掉的饮料的味道。

情景记忆没有枯燥的概念和条文,都是实际情况的再现,既生动,又活泼,因此成为很多人协助记忆的一种有效方法。有意识地用环境的刺激来加深记忆,也就是所谓的情景记忆法。

为了更牢固地记住某些内容,我们可以在记忆的时候,设置自己熟悉或喜欢的情景,让识记内容在情景中生根、发芽,大脑就会连同情景和需要牢记的内容一同记忆。比如小学生背诵诗词,老师会将诗词的具体含义描绘成一个连贯的场景,用诗词的情感铺垫成环境的背景,像一段小故事一样讲给学生听,学生记忆起来就比较容易,记忆的效果也非常好。

情景记忆除了可以帮助记忆,还可以帮助回忆。很多电影中都出现过这样的场景，当某个人失忆时，身边的朋友为了帮助他恢复记忆，常常会带他回到原来住过的房间，走过的街道，曾经参加过的朋友聚会等，利用情景再现的方式，帮失忆者唤醒曾经的记忆。在电影《恶魔岛》中，当FBI侦探要求一个从恶魔岛监狱逃出来的人，按照记忆画出监狱的下水道系统时，他风趣地回答说："我现在已经记不起来了，但是如果让我再逃一次，我就可以想起来了。"

这些电影里的桥段或许有些不可思议，却也并非天马行空的想象，它们都是有可靠的科学依据的。心理学家曾做过一个实验：当被试学习某种东西时，如果他正处于醉酒状态，那么过一段时间回忆时，被试在酒醉状态下回忆比正常状态效果更好。有些人甚至在醉酒时藏起来的东西，清醒时想不起来放在哪里，而重新回到醉酒的状态，就会很快找到。这些都是利用与过去相似的情景，来刺激大脑中封存起来的情景记忆，从而达到回忆效果的方法。

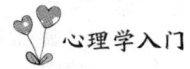

第三节 发现遗忘的规律——艾宾浩斯遗忘曲线

我们都知道,记忆的保持和遗忘是一对冤家。如果以前存储起来的内容能够回忆起来,就说明记忆保持住了;如果一点儿都回忆不起来,或者回忆的内容是混乱的、错误的,就说明大脑发生了遗忘。

人的大脑就像一个信息的存储库,所有经历过的事物、体验过的情绪情感、操作过的动作,甚至思考过的问题,都会成为大脑中的记忆内容。比如现在你脑海中的英文单词、唐诗宋词和名人诗歌,都是通过记忆留在头脑中的。不过,大脑中能够存储的知识,永远比你学过的知识要少,因为大脑在记忆的同时,还存在着一个遗忘的过程。遗忘是对识记过的材料不能再认与回忆,或者错误地再认与回忆的过程。就好像有一个人,看到一个灵异的鬼故事后,当他向第二个人复述时,总会下意识地删减一些细节,增加一些原本没有的段落。如果他是一个偏爱阅读鬼故事的人,就会增加一些恐怖细节来渲染氛围;如果他是一个无神论者,或是一个逻辑性特别强的人,他在复述时,则会删去大篇幅的灵异描写,把原本的故事变得更加合乎逻辑。

在一起交通肇事案件的审判中,辩护律师找到了一位目击证人,想要利用这位证人的证词,来证明被告人并非超速行驶。可是,在案件审理经过了一个月后,法官却因为目击证人对事故现场的遗忘,导致证词模糊,最后判处被告人的肇事罪名成立。

第一次,检方律师问询证人说:"当时,你目击车辆冲撞时,被告的车速大概是多少?"证人回答说:"50公里左右。"第二次,检方律师向证人出示事故现场的图片,并问询说:"根据这张图片,你可以判断车辆冲撞时的速度是多少?"证人看了看图片说:"超过65公里。"

一个星期后的第一次问询,检方律师要求证人回忆,车辆发生冲撞后,车窗玻璃是否被撞碎,结果,证人凭借记忆回答说:"车窗玻璃没有被撞碎。"第二次问询,检方律师再次拿出了车祸现场的照片,要求证人看着车祸现场的照片,回答同样的问题。没想到,证人又更改了供词,回答说:"车窗玻璃当时被撞得粉碎,满地都是玻璃碎屑。"

由于证人反复修改供词,法官对证词的法律效力提出了疑问,因此取消了目击者出庭作证的资格,并且宣判被告超速肇事罪名成立。

这位证人之所以几番更改供词,可能是当时对车祸现场的记忆原本就很模糊,再加上时间太久,遗忘的信息增加,最后连他自己都分不清楚到底什么是真实了。这位目击者的遗忘情况,恰好符合了艾宾浩斯的遗忘曲线。

艾宾浩斯是一位德国的心理学家,他采用独创的无意义音节研究人的记忆和遗忘,并于1885年发表了他的研究成果。他将实验数据描绘成一条以时间为横轴,以记忆保持量为纵轴的曲线,后人将这条曲线命名为艾宾浩斯遗忘曲线。自此,记忆研究成为心理学众多研究中最重要的一个领域,而艾宾浩斯本人也因此成为发现遗忘规律的第一人。

这条曲线表明了记忆遗忘的规律:识记后的短时间内,我们总是很快就遗忘刚刚记住的内容,随着时间的推移,曲线逐渐变缓,遗忘速度也逐渐变慢。到了一定的时间后,几乎不再遗忘。

这条曲线告诉我们,遗忘并不是均速地进行,固定地一天丢掉多少,

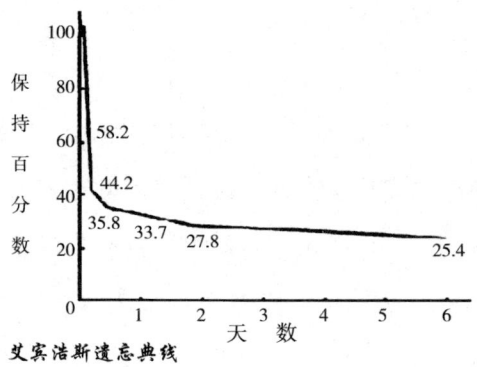
艾宾浩斯遗忘曲线

第二天再丢掉多少的,而是呈现出"先快后慢"的规律。不过,它也同时告诉我们另一个消息:学习新知识一天后,如果不抓紧时间复习,记住的信息就会只剩原来的四分之一,时间越长,剩的越少,直到大脑不再遗忘,保持量也寥寥无几为止。

艾宾浩斯遗忘曲线,也印证了孔子讲述的"温故而知新"的道理。学习如果不能勤于复习,即使当时记忆得再多,理解得再好,遗忘也会让大脑慢慢丢掉学过的知识。就像很多期末时临时抱佛脚的同学,考试前仓促填塞知识,不通过进一步的学习加以巩固,也没有随后进行充分的复习,考试之后,所学所背很快就遗忘了。

根据艾宾浩斯遗忘曲线,我们知道了遗忘的规律,同时,我们也可以按照这条遗忘规律,找到保持记忆、应对遗忘的方法。大脑记忆时,先记忆的内容会对后来的信息产生干扰,使大脑对后来的信息印象不深,容易遗忘,同时,接受的新内容也会干扰到前面的内容,造成大脑只记得新内容,而忘记了以往的内容。因此,对于记忆和复习来说,晚上睡觉前和早晨醒来后是两个绝佳的时段。

睡觉前,由于没有新知识的影响,可以用来复习白天刚刚学过,或者以前学过的内容。24小时之内的内容,根据遗忘曲线,大脑会保持

34%,只要稍加复习,遗忘的部分又会重新记在大脑里。如果在睡前对所学知识稍加复习,识记的材料会很快由短时记忆转为长时记忆,那么无论多久,这些内容都不会忘记了。

早晨起床后,由于没有之前内容的印象,大脑一整个上午都会处在新鲜的状态,接受全新的内容会很容易,很多人喜欢晨读,阅读古诗文或者背诵英语单词,就是懂得了这个道理。

那么,遗忘究竟是什么原因导致的呢?先来看一部心理电影。

彼得森是一家精神病院的心理医生。她年轻貌美,专业技艺高超,对心理学的理论和技艺深有造诣,因此,她成为医院上下众多男士一致倾慕的对象。不过,她早已被新调任过来的院长、英俊不凡的爱德华大夫深深吸引。虽然彼得森对爱德华年纪轻轻就能够取得如此高的学术成就,心存怀疑,不过,她终究无法抵挡爱德华大夫的绅士魅力,渐渐地与他坠入爱河。

两人彼此表达过爱慕之情后,彼得森才发现,其实眼前这位男子,并不是她一直崇拜的爱德华大夫,而是一个被某种可怕的事情困扰、失去记忆,也忘记自己是谁的男人——约翰。更可怕的是,此刻的约翰,正在以谋杀真正的爱德华大夫的罪名,被警察追捕。约翰为了躲避警察的追捕,匆匆地从医院逃跑。彼得森为了了解事情的真相,找到了约翰的藏身之处,并带领他逃亡到她的老师家里。和蔼的老师和善良的彼得森,运用诱导和自由联想的方法,在约翰的梦境中找到了答案。

原来,约翰是一个由于潜意识中犯罪情结的压抑而短暂失忆的人。小时候,约翰和弟弟一起坐在屋顶上玩耍,可是,弟弟不小心滑下屋顶,不幸去世。看着弟弟从自己身边滑下径直摔在栅栏上的约翰,一直对弟弟的死心存愧疚,甚至一度认为是自己杀害了弟弟。于是,这个犯罪情结在他心中深深扎根。直到多年后,他和真正的爱德华大夫一起滑雪时,爱德华大夫被人从背部开枪打中,在滑道底端冲下了山崖,再一次引起了他年少

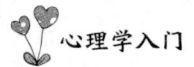

时的内疚经验,在心理压抑与恐惧的情况下,他一下子忘记了过去的一切,甚至自己的名字。

这部运用弗洛伊德理论拍摄的电影,充分地诠释了弗洛伊德对于记忆遗忘的看法。弗洛伊德认为,人们之所以会遗忘对过去的记忆,是因为那些记忆里存在着很多潜意识不愿意回忆的内容。通常,人们在遭遇特大车祸、海啸、地震等重大创伤之后,容易发生这种创伤后的遗忘。电影中的约翰,就是在遭遇了朋友爱德华大夫意外死亡后,为了避免想起童年时的不快记忆,而引发了短暂失忆。

如今,对于遗忘的原因有众多说法,除了弗洛伊德的观点之外,其他心理学家也有各自不同的看法。比如,有人认为,人们想不起过去的事物,或者是过去记忆过的内容,是因为大脑中的记忆没有得到及时的强化。得不到强化的记忆在头脑中会渐渐模糊,直至最后慢慢遗忘。

有人认为,我们之所以想不起曾经记忆过的内容,是受到了其他内容的干扰,就像之前提到过的,最先学习的内容会影响后来学习的内容,最新学习的内容也会影响之前学习的内容。比如,日常生活中,我们常常需要记很多人名,可是那些发音相近或者字形相近的名字,像李庶民和李蔗民、李冰冰和范冰冰,就非常容易受到干扰,导致记忆不清。

还有人认为,人脑记忆信息如同电脑存储信息一样。我们记忆的所有内容,都会像保存文件一样,存在大脑中的固定硬盘上。那些记不起的东西,实际上并不是被遗忘,而是提取线索不够,大脑无法按照线索,提取相关的信息。就像我们搜索硬盘里的文件一样,如果扩展名写错,或者文件名称错误,都无法在浩如烟海的文件中,找到想要的那个。如果能够找到合适的线索,任何"遗忘"的内容,都能够顺利地被提取出来。

不管怎样的说法,人们总是会记住一些内容,又忘记一些内容。而能够弥补忘记的唯一途径,就是寻找增强记忆、减少遗忘的方法,如同俄罗斯著名的教育家乌申斯基所说:"我们应当巩固建筑物,而不要等待去修补已经崩溃的建筑物。"

与遗忘进行斗争的首要条件是组织有效的复习。外界信息的重复出现,可以使得大脑中的短时记忆转化为长时记忆。没有复述的信息是不可能进入长时记忆的。当所有重要的信息都经过不断的复习,全部转化为长时记忆时,我们就不用害怕记不住了。

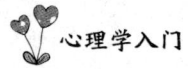

第四节 经典的剧情桥段——失忆

《初恋50次》是一部充满惊喜与感动的电影,夏威夷的浪漫沙滩和纯情、感人的故事,让它成为2004年风靡全球的爱情喜剧片。

记忆是一台强大的扫描仪,将生活中的点点滴滴,一一记录。可是,有些人也难免要面对遗忘或是失忆的问题。遗忘,可能是由于时间过久,大脑一时间无法提取信息;也可能由于外界干扰,无法准确回忆。只要是存在于长时记忆中的信息,永远不会真正地被遗忘。失忆,却成为很多人生活中的悲伤,心中的痛。你瞧,生活在夏威夷,一向快乐无忧的亨利,也遇上了失忆的难题。

亨利是海洋馆的一名兽医,也是一个典型的花花公子。在美丽的夏威夷海滩上,平静的生活百无聊赖。他除了和朋友的孩子们一起玩耍、嬉戏,就是和美丽的女孩们约会。

亨利是一个调情高手,他风趣幽默,阳光开朗,在与他约会过的女孩眼中,他是一个拥有高贵气质和神秘感的男人。他总是可以在最短的时间内,让一个陌生的女子爱上他,同时可以迅速摆脱深陷在爱慕里的女子。他好像永远不会爱上任何人,只爱俘获爱情时那种胜利的快感。

一天,刚刚摆脱上一个约会对象的亨利,来到了海边的一间咖啡馆,准备吃点早餐,然后开始一天的工作。这时,一个坐在对面,正在独自用

第四章
往事历历在目——记忆、遗忘与失忆

餐的女孩露西引起了亨利的注意。她是一个金发碧眼的美女，正在无聊地摆弄着眼前的食物。亨利坐在了露西的对面，为她用饼干搭了一座小房子，同时，他也喜欢上饼干房子的主人。他们相谈甚欢，都有一种相见恨晚的感觉，于是约好第二天一起吃早餐。初战告捷的亨利非常兴奋，满心期待着两人第二天的约会。

第二天早上，当亨利满脸喜悦地坐在露西面前，准备和她一起吃早餐时，露西好像从没见过他一样，把他当成了随便搭讪的轻浮男子，用强硬的态度拒绝了他。从未被女孩严词拒绝过的亨利，一时间非常失落。后来，他从咖啡馆老板娘那里得知，原来露西一年前出了车祸，由于大脑的损伤，她患上了短时记忆丧失症。她的记忆永远停在车祸发生前，而现在发生的事情，她只能暂时记住，过了二十四小时之后，她就像什么都没发生一样，意识又回到了车祸前的状态。

得知露西的遭遇后，亨利一时间有些手足无措。但是，当他发现自己已经爱上了这位可爱的姑娘时，他决定每天按时出现在咖啡馆，让她每天爱上自己一次。

不要觉得这只是发生在荧幕上的爱情童话，在现实中，一对英国夫妇每天都在上演《初恋50次》的剧情。

妻子的名字叫作米歇尔·菲尔波茨，她曾经先后遭遇过两次车祸。车祸中的撞击导致她的大脑受损，她渐渐患上了短时记忆丧失症。从此之后，她只记得1994年之前发生的事，就像露西一样，每天早上醒来，她都会将前一天的事情忘得一干二净。而她的丈夫，则需要每天拿出照片，向她证明他们已经结婚，他是她的丈夫。

剑桥大学的神经科医生说，米歇尔患上的遗忘症属于顺行性遗忘症，即她会忘掉某个时间点之后发生的事，而之前的记忆却保存完好。虽然顺行性遗忘会让人很快忘掉刚刚做过的事，但不会影响人的行为举止。而且

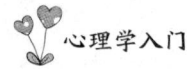

顺行性遗忘的患者完全没有烦恼，任何在别人看起来枯燥、无聊的事，他们都会像第一次遇到一样，快乐地享受。

按理来说，相对于米歇尔和露西这种顺行性遗忘患者，那些患上逆行性遗忘症的人似乎要痛苦得多。因为他们往往会丧失之前所学的知识和技能，即使是三四十岁的成年人，也需要重新学习生活技能，重新认识身边的朋友和亲人。

不过，心理学家的研究发现，即使逆行性遗忘症的患者丧失了大部分的外显记忆，但他们的内隐记忆似乎隐隐存在，而且会在无形中指导着病人的行为。

1960年，一位名叫尼克的年轻人经历了一次意外的脑创伤。当时，作为空军雷达技术员的尼克正坐在桌子旁边，而他的同事在玩一把钝头剑。当尼克站起来转过身去时，同事正在做一个刺杀的动作。于是，钝头剑从尼克的右鼻孔插入他的左侧大脑。

这次事故使得尼克丧失了方向感，同时也患上了遗忘症。他忘记了许多刚刚发生过的事情。如果他在看一份报纸，当他读完最后一句时，开篇的内容他已经不记得了。当尼克成为遗忘症研究的被试之后，研究人员发现，实际上他并没有忘记所有的事情，他仍然记得做一些事情。

比如，他不记得一道菜的配料是什么，但他却能按照菜谱的要求将食物混合、搅拌、熏制。也就是说，他大脑中负责外显记忆的部分受到损伤，但是负责内隐记忆的部分仍在工作。虽然有些时候，它们已经丧失了外显的功能。

回顾人们研究记忆的历史，人们对遗忘症的研究似乎早已经悄悄开始了。

1845年，一位英国的医生第一次报告了自己对遗忘症患者的观察。一位由于溺水时间过长导致大脑损伤的妇女患上了遗忘症，奇怪的是，她已经无法记住做衣服的过程，但是她学会了裁剪布料的手艺。

到了1887年，科尔萨科夫等人报告了对遗忘症患者的研究。他的研究对象是那些由于长期酗酒造成了海马体受损，进而患上遗忘症的人。在实验中，科尔萨科夫使用了词干补全的方法，以测验遗忘症患者的记忆能力。结果表明，病人能够顺利完成词干补全的测试，却无法完成线索回忆的测试。

实验证明，长期酗酒不仅会导致人的神经系统受损，还会造成记忆的损伤，即遗忘。不过，病人的损伤仅仅影响了外显记忆，他们的内隐记忆却依然保存完好。由于科尔萨科夫针对遗忘症患者的无意识记忆提出了系统的理论，后人将遗忘症命名为"科尔萨科夫综合征"。

1968年，英国的神经心理学家沃林顿和韦斯克兰茨首先研究了遗忘症患者的内隐记忆。他们的研究表明，即使是深度遗忘的患者，他们的内隐记忆也会保存完好，甚至长时间存在。

在实验中，研究人员给遗忘症患者进行了一些间接测试，比如残图识别、词干补全测验等。结果显示，当研究人员使用词根作为线索时，遗忘症患者能够记忆之前学习的词表；当使用词段作为线索时，病人的成绩就无法保持在正常水平。

实际上，以词根作为线索的测验与内隐记忆相关，以词段作为线索的测验则与外显记忆相连。很显然，在遗忘症患者身上，外显记忆遭到了破坏，但是内隐记忆却并未受到影响。

第五章
与尊严无关——心理学意义的"人格"

　　世界上没有完人，也没有完美无瑕的人格。要想造就健全的人格，做一个身心健康的人，拥有幸福的人生，不妨借助心理学的方法来自我完善和超越。幽默与升华这两种成熟的心理防御机制都是实现自我超越的有效途径。

第五章
与尊严无关——心理学意义的"人格"

第一节　"人格"这回事儿——人格与气质

中午休息时间，一座商业大厦的职员纷纷作鸟兽散，寻找填补空空如也的肚子的地方。一位男子吃过了饭，正在大街上随意闲逛，突然，他看到一位年轻的女子迎面走来。他不自觉地上下打量着女子的脸蛋、身材和穿着打扮，同时脑海中的一个声音在悄悄响着："哇，这女孩真漂亮，身材也不错，如果做我女朋友的话，肯定特别爽。"这时，头脑中的另外一个声音说："不行，你怎么这么色啊，还没认识人家，就开始胡思乱想了。"之前的声音又说："还是跟着她，制造机会，和她认识一下吧。"另外一个声音又说："不行，休息时间马上就到了，一会儿还要回去上班呢！"就在两个声音争吵不休的时候，大脑里出现了第三个声音，说："你们不要吵了。赶快走过去跟她要电话号码，下班之后再打给她。就这么办吧。"于是，男子笑嘻嘻地向着走过来的女子说："你好，我叫李涛……"

这样的场景，在我们的生活中稀松平常。可是，你一定不曾想过，这样短短几秒钟的争论中，出现了人格中三个完全不同的角色——本我、自我和超我。

按照弗洛伊德的理论，人格分成本我、自我和超我三个部分。当男子见到漂亮女性，想要制造机会，认识一下，让对方做自己的女朋友时，就是受到本我的支配。本我属于人格中最原始的部分，一般由人类最基本的

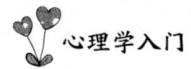

需求组成，比如饥饿、口渴、性等。本我遵循快乐的原则，一旦出现，必须立刻满足，就像婴儿饥饿时会大声哭泣，要求喝奶，而不会考虑时间是清晨还是半夜。

与本我争论不休，就是超我的职责。它会按照社会道德的标准，来压抑本我的冲动，就像男子脑海中的第二个声音告诉他的——"还没有认识人家，就不要胡思乱想"，还有"休息时间马上就到了，下午还要上班呢"。超我是人格接受社会约束而逐渐形成的，它会按照完美的原则，要求人的行为符合理想的标准，或者规定人的行为不要犯错。

最后出场的调和争吵的和事佬，就是自我了。它存在于本我和超我之间，负责缓冲本我的原始冲动，调节超我的完美管制。自我会按照具体情况的要求，来指挥人的行为。就像故事中的男子，最后依从自我的决定，"走过去跟她要电话，下班之后再打给她"。自我遵循的是现实原则，如果本我的需求无法立即满足，它就会依从现实的情况，找寻满足本我的方法，同时，让本我的冲动符合超我的道德要求。

人格中的这三个层次，是相互交织、相互作用的一个整体。它们遵循着各自的分工，变成了三个完全不同却又紧密相连的角色。本我反映了人的生物本能，属于"原始的人"；自我按照现实原则行事，属于"现实的人"；而超我向来追求完美，代表人的社会性，属于"道德的人"。通常情况下，这三个角色能够和平相处，保证一个人的正常发展。如果三者之一发生失调，都有可能产生可怕的行为，甚至危害他人。比如，本我冲动过于强烈，就不会顾及道德和法律，而是为了满足原始需要，无恶不作，甚至发展为反社会人格。

王强本是一个社区内的普通工人。他在工厂上班时，一直都是三天打鱼两天晒网，工作业绩总是勉勉强强。下岗之后，他更是赋闲在家，靠着社会救济金艰难过活。其实，王强十八岁时，曾参与入室偷窃，被关押了

第五章
与尊严无关——心理学意义的"人格"

一年半。不过,认识他的人都不曾想到,十几年过去了,他不仅没有改掉偷盗的毛病,反而愈演愈烈,发展成为危害社会的大盗。

刚刚下岗时,王强还能去找一些临时工作,帮助妻子贴补家用。随着下岗的人越来越多,找工作越来越困难,他开始整天待在家里、赌博、酗酒、和妻子吵架。两年后,妻子忍无可忍,决意和他离婚,独自带着孩子回娘家生活。

离婚后的王强意志更加消沉,一直没有正式的工作,生活也变得更加拮据起来。一开始,他只是在手头紧的时候,偷路人的几个手机或者钱包,解决一下燃眉之急。后来,偷盗上瘾的王强,发展到入室偷窃、入室抢劫、强奸和蓄意伤人。用他自己的话说:"有那么一段时间,一天不干点坏事儿,我浑身都觉得不自在。"

在他归案后,心理学家曾对他的人生经历进行过细致的分析:"王强用偷盗来满足自己的欲望,无法控制的时候,偷盗甚至成为他的一种习惯和自我安慰的方式。他不会认为偷盗是可耻的,是违反社会道德的行为,而只会认为那是一种很刺激、很有意思的事。老百姓称这种人为'冷血动物',其实,他是因为缺乏共情能力,而渐渐发展出来了反社会人格。"

我们知道,每个人都是有私欲的,也就是说,每个人都有最原始的本能冲动。贪婪、占有欲和寻找快乐,都是人格中最原始,也最重要的部分。但是,普通的人通过自我和超我的调节,能够让自己的行为按照社会的标准进行,在满足个人欲望的同时,还会考虑到行为的后果。但是,如果一个人过分放纵本我的冲动,而轻视了超我的社会要求,也不接受自我的缓冲调节,就会不顾及他人的感受,将外在世界看作发泄私欲的工具,通过伤害他人,寻求原始冲动的满足。

下面,我们再来了解一下人格中的先天基础——气质。我们常听人说,"这个女孩真有气质",或者称赞某个男演员"他很 man,很有男

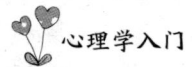

子汉气概"。这种气质,指的是一种社会表现,是一个人从内到外散发出来的人格魅力,包括修养、品德、行为举止、待人接物等方面。一般,我们习惯用落落大方、温文尔雅、豪放大气、不拘小节这样的词汇来形容一个人的气质。一个人的气质,不是凭借别人夸赞出来的,而需要长久的时间,在内心修养和文化积淀上持之以恒的熏陶,才能形成。

在心理学上,还有另外一种气质。不过,此气质非彼气质。人格中的气质指的是一个人生来就具有的、各种心理活动的动力特征,是人格的先天基础。而我们通常所说的气质是根据人的姿态、长相、穿着、性格、行为等元素结合起来的,是给别人的一种整体感觉。人的气质差异是先天形成的,就像一个婴儿刚一出生时,最先表现出来的差异就是气质差异——有的孩子爱哭好动,有的孩子平稳安静。

早在公元前5世纪,古希腊有一位医生,叫作希波克拉底。他很早就观察到人有不同的气质,他认为,人体内有四种体液:血液、黏液、黄胆汁和黑胆汁,如果这四种体液调和,人就会健康;如果这四种体液失调的话,人就会生病。后来,有人根据人体内的这四种体液的不同比例,将人的气质划分为四种不同类型,即多血质、黏液质、胆汁质和抑郁质。

不同气质类型的人,会表现出不同的人格特质。多血质的人,灵活性高,易于适应环境变化,善于交际,精力充沛而且效率高,代表人物就是荣国府的王熙凤。黏液质的人,反应比较缓慢,但是意志坚定,能够持续而稳健地辛勤工作,情绪不易激动,也不易流露感情,代表人物就是薛宝钗。胆汁质的人,情绪易激动,反应迅速,脾气暴躁,有一种猛烈燃烧的热情,能以极大的热忱投身于事业,却常常不能自制,代表人物就是以火暴脾气著称的张飞和李逵。抑郁质的人,心思细腻,优柔寡断,有些孤僻,情绪完全由周围环境决定,即使是微弱的刺激,也会产生强烈的反应,最有代表性的人物就是林黛玉。

其实，气质是人的天性，本无好坏之分。它会将群体中的人自然地分成不同的类型，却不会决定一个人的社会价值，更不会影响一个人的人格发展。任何一种气质类型的人既可以成为品德高尚、有益于社会的人，也可以成为道德败坏、有害于社会的人。每一种气质都有积极和消极两面，如胆汁质的人，可以成为积极、热情的人，也可以发展成为任性、粗暴的人；多血质的人情感丰富，工作能力强，易适应新的环境，但注意力不够集中，兴趣容易转移，常常做事无恒心等。个人在发展中，可以凭借自我约束和用心培养，调节气质中的负面，帮助自己形成一个完善的人格。

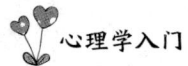

第二节　造就人格的关键期——童年与人格形成

首先，我们来聊聊孩子的出生顺序对性格和前途的影响。这是一个非常有意思的话题。

每当谈起家中哪个孩子成绩最好、哪个孩子最会照顾人、父母上年纪后可以依靠哪个，大家都会不约而同地想起老大；而提到最任性、最会闯祸、最让人不放心的那一个，多半是指最小的弟弟或妹妹。当然，无论你是家里的老大还是老么，本身并没有高低优劣之分，但是，却有越来越多的研究表明，家庭中的出生顺序会对一个人的人格发展产生巨大的影响。

中国有句俗话说："老大傻，老二尖。"就是说老大比较笨，老二比较聪明。其实，这个"傻"，并非真的说老大没有老二聪明，而是相较于外向活泼、机灵聪明的老二，老大要显得忠厚老实一些。通常，家中的老大做事踏踏实实，富有责任感，没有那么多窍门儿和鬼点子。当然，这一性格的养成，和父母对待他的方式，以及与兄弟姐妹间的相处都有一定关系。

奥地利心理学家阿德勒最早提出，出生次序会影响一个人的生活。他认为，长子和长女会享有家中独生子女的优越身份。因为，当家中还没有其他弟弟妹妹时，老大会被父母当作独生子女对待，父母会用高涨的热情来迎接家中第一个孩子，将全部的精力放在关注他／她和教育他／她上面。一项调查显示，在一个多子女的家庭相册中，老大的照片要远远多过其他孩子，而在第二个孩子出生后，家里的照片数量则开始减少。

在弟弟妹妹未出生前，老大独享父母全部的爱，习惯了成为关注的中心，当弟弟妹妹出生后，老大会力图保持自己先前的特权。有的老大能够在弟弟妹妹间，行使教育、管制和活动指挥的权力，自然而然地变成团体中的领导，因此老大做事更像成年人，成年后做事会考虑得更周全，更有责任感，而且能够顺利地适应社会压力，成为组织中的领导者。

随后出生的第二个孩子，一出生就要与哥哥或者姐姐分享父母的关注，会产生内心的不平，会感觉自己被哥哥或者姐姐夺走了所有的荣耀。因此，第二个孩子往往与老大站在对立面，不过，这种对立并不意味着两人关系不好，生活中处处为敌。可能在整个人生中，第二个孩子都会将哥哥或者姐姐当作自己的第一个榜样，永远在试图超越哥哥或者姐姐，因此他／她会更有创造力，取得更大的成就。不可避免地，他／她也会一直生活在哥哥或者姐姐的阴影下。

而排行最末的孩子，也就是所谓的老幺，常常会被当作婴儿看待，接受父母最多的关注，总是能够得到来自哥哥姐姐的帮助和关怀。父母这时已经具有了养育孩子的经验，对老幺的管制不会像对哥哥姐姐那样严格，因此老幺自己也会表现得像个孩子一样，任性、顽固、个性较强，时刻享受别人为自己提供的服务。不过，老幺也常常是被全家人宠坏的那个，性格懦弱，无法成就事业。比如，罗斯福成为美国的总统，而他的弟弟却潦倒一生，最后死于酒精中毒；克林顿的才华备受瞩目，他的弟弟却因为涉毒在监狱中度过多年；小布什从政的手段强硬，却免不了他的弟弟备受经济丑闻的困扰。

其实，在很多名门家族里都存在哥哥姐姐风光无限，弟弟妹妹备受压抑的情况。其中，一部分原因来自老大过于出色的成绩，或者过分耀眼的

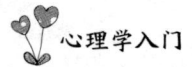

光环；另一部分原因，则是出生顺序，决定了每个人不同的命运。当然，也有例外。

1924年，在北京西城一个胡同的大宅院内，一位虚弱的老人用他生命中最后的力气，留给了站在病榻前的三个儿子三样东西：书法交给了大哥吴浣，小说交给了二哥吴炎，围棋交给了三弟吴泉。

吴家本身是书香世家，后又在朝中为官。吴家祖父去世后，家道开始败落，于是，父亲带着三个儿子来到京城为官。在胡同的大宅院里，自小饱读诗书的父亲为三个儿子请来私塾先生，教授他们四书五经，期待三个儿子能够重振家业。后来，父亲察觉到，在这个前途难测的时代，对孩子进行传统的古诗文教育，恐怕已经毫无意义了。于是，父亲将振兴家族的重担放在了大哥吴浣身上，为他聘请了汉学老师，还聘请了英文、数学老师，希望他能考上中学，将来为家族争光。

作为二哥的吴炎，算是一个比较淘气的孩子。与两个兄弟相比，他的性格活泼外向，常常喜欢往外面跑，整日在北京的街头巷尾玩耍。也正因如此，在兄弟三人中，他是受到父母训斥的次数最多的一个。不过，在后来的求学中，他却取得了不俗的成绩。在全家都陪伴三弟赴日之时，他选择独自留在国内读书，几经辗转后，考上了南开大学。抗日战争爆发后，吴炎作为一名热血青年，还参加过学校的反日活动，后留在母校任教。

三弟吴泉，最不善做的事就是读书。和两个哥哥一起念书时，他连简单的诗句都记不下来，有时候，即使嘴里背出了书中的内容，脑子里怎样都记不住。可是，他却对围棋情有独钟，棋谱定式看过一遍，便能熟记在心。因此，他从早到晚就是守着棋盘下围棋，看棋谱。

几十年后，接受父亲不同遗物的吴氏三兄弟，以不同的性格、不同的爱好，选择了完全不同的人生之路：大哥吴浣做了伪满洲国的官员；二哥吴炎投身革命和抗战，后来成为大学教授；三弟吴泉东渡日本，击败了一个又一个的棋坛高手,成为围棋界的无冕之王——吴清源。

接下来,我们再来了解一下父母不同的教养方式对孩子人格形成的影响。

一个人乐观自信,不怕失败,活跃而有创造力,我们就会说这个人具有健康的人格;若是一个人常常没有安全感,常常自卑,或常常主动攻击他人,我们就会说这个人可能有人格障碍。不同的人在不同的环境下成长,一定会拥有不同的人格发展路径。

人格分为性格和气质两个部分,气质是天生就注定的,但是,人的性格形成却是一个长期的、潜移默化的过程。虽然这其中也有遗传和社会文化的影响,但主要影响仍在于后天的家庭环境。人格一般在一个人的幼儿和儿童时期形成,很多父母都认为这个时候的孩子太小,什么都不懂,殊不知,这时正是他们人生中最重要的时期。

父母组成的家庭是每个人成长的摇篮,也是在一个人的一生中打下最深刻烙印的外部环境。一个装修奢华、物质充裕的家,并不一定会给孩子带来快乐、充满阳光的童年。相反,一个房屋简陋,但整洁有序、健康向上的家,却能帮助孩子养成乐观、开朗的性格。因为,家庭的温暖气氛、亲人间的轻松交往和父母的教养方式,对孩子来说,才是最宝贵的东西。

父母不同的教养方式,就会导致孩子形成不同的人格。按照一般的分类,家庭教养方式分为四种,民主型、专制型、溺爱型和放纵型。民主型的父母会鼓励孩子独立,温和地询问孩子的意见,在悉心引导中,帮助孩子做出独立的决定。因此,在民主型家庭成长的孩子,会具有独立的思考能力,平等待人的意愿。

专制型的父母,对待孩子,就像古代的帝王对待臣子一样,强迫孩子按照自己的想法做事,一旦犯错,就用严厉的惩罚来解决,非打即骂。这种教养方式，通常会让孩子失去安全感和归属感，始终处于一种紧张的状态。他们不会觉得父母是世界上最亲近的人，甚至会故意疏远父母。在专制型家庭中长大的孩子，常常孤独、不合群，找不到自信，严重时还可能性格执拗，对外界充满敌意，有些神经质。

放纵型的父母有些不负责任，他们将孩子放在一边，不闻不问，放任自流。这样的孩子，由于从小就没有感受到父母的关爱，因此情感冷漠，无法与人建立亲密的关系，而且还会因为无人关心他们的行为，而形成自由散漫的性格，很难有所成就。

溺爱型的父母与放纵型恰恰相反，他们往往对孩子过分关心，过分关注，对孩子的一切要求又是百依百顺，从未拒绝他们的要求。因此，这样的孩子长大后，往往自私、任性、过分依赖他人，而且懒惰，蛮不讲理。

小周是一个18岁的男生，今年上高中二年级。身材挺拔、长相清秀的他，小时候特别招人喜欢，邻居家的叔叔阿姨都夸赞他活泼、聪明，还特别懂事。可是，自从上了高中之后，他不仅经常翘课，还开始迷恋网络游戏。从一开始的每周周末去网吧玩，发展到每天晚上偷偷溜出去玩；如今，已经发展到逃学、骗父母的钱、整日沉溺在网络虚幻世界里的地步。小周为何从小时候聪明懂事的孩子，变得如此叛逆不羁？从他的成长环境中，或许可以找到些端倪。

小周出生在一个普通的职工家庭，父母原来都是工厂的工人，每天按时上班，按时下班，妈妈每天晚上都会辅导他的功课，一家人欢欢笑笑，其乐融融。可是，自从父母双双下岗，开始做水产生意后，小周的生活也随之发生了变化。

因为爸爸妈妈每天做生意特别忙，不是出差洽谈生意，就是出门应酬客户，于是，小周小学三年级时，就搬到爷爷奶奶家，和他们生活在一起。爸爸妈妈周末去探望他一次，给他买最好的学习用品、最新款的运动鞋，给他留下大把的零花钱，可是永远只打听他的学习成绩好不好，有没有和别人打架，和小周之间从来没有过深刻的交流。

小周升入初中后，有一次，因为小事和同学动起手来，被打得不轻。周妈妈接到电话，在百忙之中赶到学校，可是，还未搞清楚事实的周妈妈，劈头盖脸地就训起了老师和打人的同学，还扬言要到医院验伤，要求学生家长和学校赔偿。经由老师的一番解释，周妈妈才知道是小周误会别人拿他的东西，先动手打人的。临走时，周妈妈偷偷地告诉小周说："以后有人欺负你，不要害怕。谁打你，你就把他打趴下。"

升入高中后，小周和一群不良少年成了朋友。他们的共同爱好就是逃课、打架、玩网络游戏。后来，小周上网成瘾，经常整天整天地逃课，还向同学借了很多钱。周妈妈得知后，帮他还了学校的债务，并且在爷爷家给他留了一台崭新的电脑，对他说："如果你要上网玩游戏，放学回家玩就行，何必到外面去呢？"说着，她给小周留下一笔钱，继续忙公司的生意去了。

直到高二的一天，小周和身边的几个同学因为连续一个星期在家里打游戏，既没有上课，也没有请假，被学校开除之后，小周的父母才意识到问题的严重性。

从小周的成长过程中我们可以大概了解到，小周父母的教养方式属于溺爱加放纵型的。在孩子的成长过程中，父母如果只满足孩子的物质需要，毫不顾及孩子的心理感受，在长时间的放纵和忽视下，很可能让孩子形成孤独、以自我为中心的性格，还可能使他因为亲情上的冷漠而交到损友，走向自我堕落的迷途。

在众多的教养方式中，最可取的就是民主型的父母。民主的家庭氛围会给孩子一个充满爱的环境，能够给孩子带来安全感和归属感。如果一个

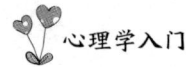

人在父母的家庭中都无法感受到爱和被爱，那么他成年后，也很难去爱人和尊重他人。另外，民主的家庭环境会尊重孩子的想法和做法，让他在人格中慢慢建立起自尊和自信，这样的孩子情绪稳定，感情丰富，能与人和睦相处，也较容易实现目标。

最后，是一个不容忽视的问题——童年创伤在一个人的人格和心理上留下的烙印。每个人在不同的环境下生长，对自己的童年往事和少年回忆都有着不同的感悟。无论是爱，是痛，是悔恨，是愧疚，任何人都无法摆脱童年生活对自己一生的影响，童年的心理创伤也会影响一个人的人格和命运。比如，单亲家庭的孩子总是习惯在相恋的异性身上寻找成长中缺失的关怀和温暖；遭受家庭暴力或虐待的孩子更容易形成强迫人格，甚至出现反社会情绪；在年少的爱情中遭遇抛弃或背叛的人，其一生的恋爱和婚姻都会受到影响。

在我们的生活中，由于童年的不幸而在成年后引发严重问题的人数不胜数，他们在带给自己痛苦的同时，也给身边的人带来惨痛的经历。心理越不成熟的人，在人际交往中，往往越容易依赖对方；心里越没有安全感的人，在爱情里越容易变本加厉地从恋人身上弥补过去的伤害；越是感到自责或者愧疚的人，越容易封闭内心，拒绝向他人交付情感。

章昕和阿占是两个同病相怜的人，他们同样渴望来自他人的温暖，同样渴望被爱，却始终无法摆脱早年的情感阴影，在摆脱痛苦、寻找自我、寻找爱情的路上，艰难前进。

章昕是一名作家，运用丰富的想象力，在文字中幻想着一个个生动的人物、让人动情的场景。可是，有时候过分地运用想象力，却让她的生活充满了恐怖和惊悚。

她刚刚搬到一个新的住处，就遇到了一系列诡异的事情。房东说，他的妻子和儿子死于暴雨后的泥石流，于是她在衣帽间的镜子里，看到了两

第五章
与尊严无关——心理学意义的"人格"

个满身泥水、面目狰狞的人影；洗澡时，她会看到一个男人冲着她大声地哭泣；房间里的水管每天半夜，都会叮叮作响……这一切恐怖的事件，让原本敏感脆弱的章昕，陷入了疯狂的境地。

在表姐的介绍下，章昕来到了阿占的心理诊所，想要借助心理医生的帮助，解开一直困扰自己的心结。在阿占几次细致的问询下，章昕的少年往事也开始显露出来。原来，在她幼小的时候，父母离异后将她抛弃，先后移民到澳大利亚，留下她一个人孤独地生活。从小经历人情的冷漠，生活的惨淡，让她渐渐变成了一个闭塞而自卑的女孩。她总是想要在男朋友的身上寻找依靠，可是她强烈的占有欲和霸道无理，却又让身边的男孩子心生畏惧，一个个地离开她，重新去寻找爱情。每一次的恋爱、分手，都让章昕原本脆弱的内心备受打击。经历了太多情感的大起大落，让她几近崩溃，甚至逃避现实，想要自杀。

阿占在细心的观察后，很快找到了章昕的症结所在，并从澳大利亚请来了她的父母，帮助她解开了多年的心结。章昕一点点地乐观起来，灵异的现象再也没有出现过。可是，章昕的童年经历，却引爆了阿占心底一颗沉静许久的炸弹。

阿占是心理学专业的留学生，工作敬业，专业一流。可是，他从来与人疏远，既不参加同事的聚会，也不看望旧日的好友，他将全部的时间和精力都用来研究病人的档案，分析病例报告，俨然是一个不折不扣的工作狂。

近日来，在治愈了章昕的病症后，他开始看见多年前的影像——一个年轻的女孩，化好了妆容，躺在棺材里，在众人的簇拥下送去入殓；一个穿着白衣的少女，如影随形地跟着他，出现在盥洗室的镜子里，出现在大楼的橱窗里，出现在游泳池的水底，出现在任何阿占出现的地方。

那个一直跟随他的女孩，就是阿占多年前死去的女友。他们在中学时

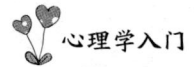

恋爱，女孩默默地为他等待，为他付出。可惜，年少的感情总是像暴风雨一般，来去匆匆。当阿占提出分手时，情绪激动的女友，受不了情感的打击，用剪刀划开了自己的手腕后，从学校的高楼上跳下，不幸身亡。

多年来，阿占没日没夜地学习，毕业后又没日没夜地工作，希望可以借助身心的疲惫，逃避痛苦记忆的鞭笞。可惜，他对章昕产生的爱意，再次引发了他对前女友的愧疚。那个缥缈的影子，在不停地质问他，追逐他，直到将他逼上大楼的天台。阿占哭诉着对她说："一直以来我都没有开心过，一直以来，我都不能接受任何一个女子，这都是因为你。你死了那么久都不开心，我有什么权利开心。如果我死了能令你满足，让你开心，我会做。"就在阿占绝望地看着地面，想要纵身一跃，以死赎罪时，站在背后的章昕叫住了他——原来，一切都是幻觉。

其实，章昕和阿占两人的恐惧来源，都可以从他们童年时期的经验中找到答案。章昕从小被父母抛弃，并且错误地认为，父母的不幸和她的不幸都是自己的过错。多年来她孤独地成长，这让她时刻体会着不安全感，也让她比任何女生都依赖男友的情感，强烈地占有着对方的全部，害怕自己再次被抛弃。因此，她多疑敏感，在幻觉中看到有人来伤害她；当男友提出分手时，她常常以死相逼，来逃避被抛弃的痛苦。

阿占则始终在逃避自己内心的愧疚。他选择忙碌的工作，选择孤单一人的生活，当他发现自己爱上章昕时，选择否认这份感情。那些恐怖的影像、凄惨的声音，全部来自他的内心深处。他对章昕的爱引发了压抑在他心中多年，始终不敢面对的愧疚感。

很多时候，来自内心的痛苦，要远远大过来自外界的痛苦；由遥远记忆引发的痛苦，会大大超过今日为生活奔忙的痛苦。每个人都是伴着过去的记忆，一路坎坷走到现在的。当我们还很弱小的时候，无法避免地遭到外界的各种侵扰，在空白的生命中留下异常深刻的痕迹。这些痕迹变成了日后生活的雏形,如果它是健康的,成年后我们便可以快乐地生活;若它是负面的、消极的,则会给成年后的我们带来更多的痛苦。

　　不过,值得庆幸的是,即使拥有童年的创伤,只要坦然接受,一切心结还是会一一打开。就像阿占一样,直面令自己害怕,甚至是永远无法面对的那份愧疚,对当时的女友说出内心的感受。只要在痛苦的根源上得到解脱,一切都会平复,一切都会过去。

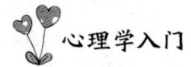

第三节　性格不仅仅决定命运——性格与健康

假如，你是个处处要强，又天生爱着急的人，请省察一下：你是不是做事动作快，说话也特别快，爱打断别人说话，喜欢让周围人都听你的？你是不是不仅对自己的要求高，而且用同样的标准要求着身边的人？朋友赴约时迟到了、家人取东西慢了、同事的工作效率低了，你是不是特别看不顺眼，说不上两句就要发火？如果你符合上述的情况，那么从现在起，就要提高警惕了。

许盼从小就是一个要强的女生，她是班里的班长，在老师和同学的眼中，她也是一位品学兼优的好学生。可是，她总是觉得自己做得不够，她不仅要求自己在学业上是最优秀的，在体育、音乐等其他方面也必须比班上的其他人好。

于是，她整天忙忙碌碌，每天早早起床跑步，吃过早饭去学校上课，下午放学后还要到琴行学习钢琴，甚至在课余时间，她也要拿出一本课外书来读，让自己的大脑不得一刻钟的清闲。初三时，她的班主任看到每天奔忙的许盼，曾劝许盼的妈妈说："许盼的功课已经非常紧张了，这个时候，学琴或是跑步是不是可以暂时放一放？"许妈妈无奈地说："这些活动都是她自己要求的，我和她爸爸也劝过她，可是，这孩子太倔了，一直都说没事儿！"

就这样,多年来,靠"只许成功,不许失败"的信念,她凭借着最优秀的成绩考入市里最好的高中,考入众人望而却步的重点大学,并且凭借从不间断的艺术训练,开始在各大钢琴比赛中崭露头角。毕业后,顺利进入跨国企业任职的许盼,继续她整日急急忙忙的生活。她今天筹划这个活动,明天安排那个会议,每天的行程排得满满的,总是想要尽力做好每一件事,却又始终觉得时间不够用。

工作上成绩喜人的许盼,却一直找不到能够跟上她的步调的男友。在大学时,同专业的男生约她出去。趁着活动的间隙,她出去赴约。可是,从逛街、吃饭,到跟着他走进电影院,她一直在心中嘀咕:"在电影院里,看着一部烂俗的爱情片,白白地耗掉90分钟,好像是一件毫无意义的事,简直是浪费我的时间嘛——我还有更重要的事要做呢!"于是,电影还未放完,她就一声不响地回到了学校的活动中,继续扮演活动总监的角色。

工作后,每次遇到男士的邀约,她都像完成任务一样,勉强地参加每一次约会。一边催促着服务员快点买单,一边计算着时间成本和回报的关系,一旦觉得浪漫的约会降低了她的人生品质,她就会不告而别,甩头而去。有一天,一个因为迟到两分钟而被她训斥的男生气愤地说:"像你这样的人,根本不知道什么叫快乐,什么叫作享受,你只知道怎么把每天的时间排满,怎么让你身边的人跟着你受罪……"

第一次被人教训的许盼,虽然嘴上狡辩,不服气,心里却在默默反思:"好像我每天是都挺累的,好像我真的盼着每天过得快乐一些,可是事情太多,快乐总是离我那么遥远!"依旧保持自我的许盼,直到遇到了部门的新人张薇,才算真正遇上了对手。张薇是一个个性沉稳、做事不紧不慢的女生,比许盼小一岁,却比她多了两年的工作经历。她看起来内心特别平静,工作起来不像许盼那般风风火火,却在不温不火中解决了一个又一个难缠的客户。

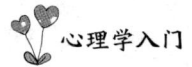

许盼遇到了强劲的对手,争强好胜的劲头又被激起来了。她一向要强又要面子,根本见不得有人比她优秀。于是,她开始每天加班工作,四处奔忙,不是出差就是开会,将所有的心思放在超过张薇上。她想:"月底就是公司新一轮的人事变动了,我一定要晋升部门经理,让张薇看看我的能力。"可是,一个星期之后,她就因为过度劳累引起的贫血,住进了医院,出院后也需要留在家里静养。她的工作全部由张薇代理,而月底的任命,也自然而然地变成张薇升任部门经理。

人的性格分类除了分为内向性格和外向性格,还分为 A 型性格和 B 型性格。像许盼这样,过分争强好胜,要强又好面子,整天活得忙忙碌碌、神经过度紧张的人,就属于典型的 A 型性格。这种性格的人,无论是运动、走路,还是吃饭,节奏都特别快,对很多事情的缓慢进度感到不耐烦,而且总是试图同时做两件事,既不知道如何保持身体健康,也不懂得如何度过休闲时光。与 A 型性格的许盼恰巧相反,B 型性格的张薇性格不温不火,工作起来有条不紊,对待事物有一套自成系统的处理方式,能够胜任重要的工作,却知足常乐,不好与人争。

A 型性格的人过于强调时间概念,而常常忽略生活和工作质量;B 型性格的人睿智机敏,沉稳而有创造性。也因为这样,占据高层管理位置的常常是稳健的 B 型人;而工作勤奋努力,时刻要求上进的 A 型人,却只能成为最优秀的推销员、业务员或者销售经理。

在健康方面,B 型人的健康水平较 A 型更乐观,而且他们也最易与长寿结缘。调查资料显示,长寿的人群中 80% 以上属于 B 型性格的人。而偏头痛和冠心病的发病,却常常跟 A 型性格有着密切的关系。冠心病患者中,有 70.9% 是 A 型性格的人,A 型人患上冠心病的概率甚至高于 B 型人的两倍。也就是说,性情急躁、缺乏耐心、争强好胜的人群比较容易发病。即使没有疾病发生,处于亚健康状态的 A 型人数量也远远超过 B 型人。

第四节　造就健全的人格——幽默与升华

世界上没有完人，也没有完美无瑕的人格。要想造就健全的人格，做一个身心健康的人，拥有幸福的人生，不妨借助心理学的方法来自我完善和超越。幽默与升华这两种成熟的心理防御机制都是实现自我超越的有效途径。

清朝时期，有一名八府巡按曾一度精神抑郁。他整日感到内心伤感，胸中憋闷，虽然请了很多知名的大夫，却一直找不到病症的真正原因，也不见病情好转。后来，有人介绍说，扬州有一位姓赵的大夫，他有一种奇特的药方，可以治疗精神抑郁。于是，巡按大人千里迢迢赶到扬州，来到赵大夫家中就诊。

赵大夫观察了巡按大人的气色，又为他切了脉，却一直沉默不语。在一旁神色焦急的巡按大人一再追问道："我的病情到底如何？赶紧给我开个方子吧。你不是有一个奇特的秘方吗？"经过巡按大人的再三催促，赵大夫才不紧不慢地开口说："按照我的诊断，巡按大人身上的病，应该是月经不调引起的，无须医治，过段时间就会自然痊愈了。"巡按大人听后哈哈大笑，连连称他"庸医庸医"，然后带着失望的神色，愤愤离去。

回家后，巡按大人逢人必讲这个故事，一边放声大笑，一边讽刺着赵大夫平庸的医术。不过，他每次对人讲过之后，都会心情大好，抑郁的情

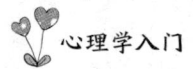

绪也渐渐消散了,最终不治而愈。他一直搞不明白其中的原因,直到有一天,巡按大人突然醒悟,"原来,这就是赵大夫给我开的神奇秘方"。后来,巡按大人带着厚礼,前去拜谢赵大夫。赵大夫看到他的病已经痊愈,于是向他说明了"不药而宽神治病"的道理。

从这个故事中可见,幽默疗法自古有之。幽默作为一种成熟的心理防御机制,除了可以愉悦人的情绪,使人开怀大笑,还可以促进人体血液循环,调节血压和心脏功能,有助于身体健康。英国剧作家萧伯纳曾经有过一个精辟的比喻:"幽默像马车上的弹簧,没有它,人生路上的每一块小石子都会让你颠簸得难受。"

幽默是一种心理上自我保护的方法,也是一种很好的修养之道。人际交往中的幽默感,可以及时化解尴尬的气氛,维持人际关系的稳定。遇到有人恶语伤人,或者蓄意中伤时,恰当的幽默感还可以帮助我们摆脱困境,让自己从弱势的处境中解脱出来。

在人群中,举止潇洒、谈吐不俗的人的确令人觉得舒适;那些不时地开些玩笑的人,同样可以让听众觉得心情舒畅。而那些即使心地善良,却始终板着一张脸的人,永远给人一种拒人于千里之外的感觉,使人难以亲近。一份关于两性研究的报告甚至表明:"对女性而言,她们在选择伴侣时,所有人都对男士的幽默感有所要求。女性更愿意选择言语风趣、富有幽默感的男性作为关系伙伴。有时候,只要他能让自己笑,女性甚至会主动忽视男性身上的其他缺点。"

我们知道,人的梦、失言和无意的举动都可以泄露心灵深处的秘密。心理学家后来发现,幽默感也是人类众多无意识行为之一。心理学家通过观察人们对各种幽默笑话的不同反应,了解他们对什么感到好笑以及为什么会发笑,用来探知人与人之间在精神品质方面的差异。有时候,如果你希望了解一个人潜意识里压抑了哪些东西,只要看看这个人喜欢什么样的

第五章
与尊严无关——心理学意义的"人格"

幽默，便可以一目了然。

心理学家弗洛伊德曾说道："笑能给予我们精神上的快感，它把一个充满能量和紧张的有意识过程转化为一个轻松的无意识过程。"另外，幽默还可以增加一个人的个人魅力，具有幽默感的人在与人交往中，更容易取得大家的信任和好感。

马克·吐温是美国著名的小说家，也是著名的演说家。他经常游历各州，到各个地方宣讲他的思想。无论是他的小说作品，还是现场演讲，马克·吐温一向都以高超的幽默、机智和才气著称。即使在生活中，他也将自身独特的幽默与讽刺发挥得淋漓尽致。

一次，他来到一个小城镇做演讲。晚饭前，他决定先去找一家理发店，整理一下自己的妆容。走入店里后，理发师和他相互问候了一番，听到他的口音，理发师亲切地问："您是外地人吧？"

马克·吐温回答道："是的，我是外地人。今天是我第一次到这个地方来。"

理发师继续说："那您来得真是时候，今天晚上，马克·吐温会在这里做演讲。您一定特别想去看的，对吗？"

马克·吐温心里嘀咕着，回答说："嗯，我会去看的。"

"可惜，他的演讲不太容易搞到门票，您如果没有票，就只有站着的份儿了。"理发师替他惋惜道。

"是啊，真讨厌！我的运气一直不好，每次那个家伙做演讲，我都只有站着的份儿。"

笑过之后，我们再来认识升华的心理防御机制。首先，我们从歌德的经历开始，了解"升华"的强大力量和深远意义。

1772 年的夏天，年仅 23 岁的青年歌德在一场乡村舞会上，偶然结识了夏绿蒂·布甫。他不曾想过，这个年轻但却并不美貌的女子会占据他灵

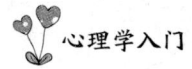

魂的全部，带给他甜美的爱情，又留给他无尽的痛苦；更不会想过，因为她带给他的失恋痛苦，让他在文学上展现出了惊人的才华。

当时在舞会上，云集了当地众多年轻貌美、体态翩然的女孩子，可是，在所有的女孩子中，歌德只对夏绿蒂一个人倾心。其实，她并不是最美丽的那个，却是非常真实、自然的一个。夏绿蒂穿着一身简朴的裙子，在人群中愉快地跳舞。歌德看出了她的自然美，欣赏她毫不矫揉造作的幽默和机智。整个舞会上，歌德都显得特别兴奋。小巧玲珑的夏绿蒂，在歌德眼里仿佛变成了浑身散发光芒的女神，让他异常着迷。

歌德喜欢上了这个可爱的姑娘，喜欢看她笑，看她轻盈地舞蹈，看她忘形于欢乐的样子。为了看到她另一方面的品质，第二天，歌德就迫不及待地去拜访她了。很显然，夏绿蒂也非常喜欢歌德，佩服他的才华，乐意听他谈论文学和诗歌，耐心地听他朗诵荷马的著作。歌德陶醉在爱情的甜蜜中，想要一直与她相守。可是，有一个事实他并不知道——夏绿蒂已经订婚了。而且，她不是三心二意、朝秦暮楚的那种人，她会忠于自己的未婚夫，绝对不会违背他的意愿。

当歌德得知这个消息时，心中悲伤万分。这段可望而不可即的爱情瞬间变成了一个悲剧，在他的心头留下了深深的伤痕。当时，在爱情和友情、欢乐和痛苦之中矛盾挣扎的歌德，经过几天几夜的思考，终于决定离开夏绿蒂，离开这个让他伤心的地方。

经过几天的颠簸，歌德回到了家乡法兰克福。可是，他虽然人回来了，心却留在了夏绿蒂身边。一回到家里，他就不停地给夏绿蒂写信，一边倾诉自己的相思之情，一边请求夏绿蒂不要忘记他。甚至，他还在自己的床头挂上了夏绿蒂的照片，用这种方式以求能够与她朝夕相见。

眼看着夏绿蒂的婚期越来越近，内心更加混乱、更加痛苦的歌德，却收到了好友耶路撒冷因为失恋而自杀的消息。和歌德的经历有些相似，他的好朋友耶路撒冷爱上了一位同事的妻子。求爱不得之后，耶路撒冷在绝望中结束了自己的生命。同样是无望的爱情，同样是身体和心灵备受创伤的经历，耶路撒冷选择了自杀，而歌德选择了拿起笔杆，记录下这刻骨铭心的爱恋。

两年来，歌德收集了大量的资料，将耶路撒冷的故事和自己的故事串联在一起，积聚成胸中炙热的写作冲动。1774年，歌德觉得故事的轮廓在心中已经酝酿成熟，于是他闭门谢客，放下了身边所有的杂事。他不拟提纲，不打草稿，每日在书房里振笔疾书。短短四个星期的时间里，他便写出了震惊世界文坛的作品——《少年维特之烦恼》。

歌德因为失恋，陷入深深的痛苦之中，却也是这爱情的痛苦，让他在事业上取得了莫大的成功。在写作时，他像一个梦游者一样，离开了喧嚣的世俗世界，全身心地投入创作中。当他写完这本小说时，他像从一场大病中清醒过来，摆脱了对于夏绿蒂的思念，也摆脱了巨大的精神压力。在这个过程中，心理上的升华起到了重要的作用。

"升华"这个词，由弗洛伊德第一次提到。它是指把心中被压抑的、不符合社会标准的或者是超我不能接受的能量，转化为活动能量的过程。在现实社会中，一个人的行为一定是受到社会道德约束的。如果某个人表现出与社会规范不相符的行为，比如歌德向一位订婚的女士求婚，耶路撒冷追求一位朋友的妻子，都可能受到道德的责罚。因此，这种内心的冲动，就必须改头换面，采用社会能够接受的方式，迂回曲折地表达出来。比如，一位倔强好强的女生，理智上不允许她表现出对别人的优异成绩的嫉妒，于是她发奋学习，努力让自己的成绩超过别人；一个人有打人的冲动，因为害怕法律的制裁，借助打拳击或摔跤等合理的方式来满足自己的发泄欲望；一个遭遇爱情挫折的人，无法得到对方的爱慕，通过写诗、作曲、写小说等方式，抒发自己压抑的情感。

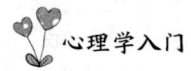

历史上,像歌德这样利用升华的方式,将不可实现的愿望转化为艺术形式的人还有很多。比如,法国作家罗曼·罗兰,他也曾遭受失恋的痛苦。他在日记中写道:"累累的创伤,便是生命给予我们最好的东西,因为,在每个创伤上面,都标志着前进的一步。"之后,他伏案十年,写出了蜚声文坛的长篇巨著《约翰·克利斯朵夫》;为降将李陵大胆求情的司马迁,因为仗义执言被判处宫刑后,发愤写出了《史记》。他们都是悲痛中的坚强不屈者,将内心的悲伤和气愤升华,为后世留下了一座座壮观的艺术圣殿。

同样作为一种成熟的心理防御机制,升华能使受压抑的内心冲动得到宣泄,消除焦虑情绪,保持心理上的安定与平衡,还能满足个人创造与成就的需要。由于升华既能宣泄一个人被压抑的冲动,又符合人类社会的规范和要求,因此,升华对个体而言具有十分重要的意义。如果没有它将这些本能冲动或者生活中的不满、怨愤,转化为有益世人的行为,这个世界将会增加更多的不幸。

第六章
行为的驱动力——需要与动机

马斯洛说:"在一切需要之中,生理需要是最优先的。这意味着,在某种极端的情况下,即一个人生活中的一切东西都没有的情况下,很可能主要的动机就是生理的需要。"

第一节　生理、安全与社交需要——初级需要

当一个人的血液中缺乏水分，大脑就会发出口渴的信号，使人产生想要喝水的冲动；当一个人的血糖成分下降，就会有饥饿的感觉，使人产生想要进食的需要；当一个人失去了身边的亲人，他就会产生爱和被爱的需要；当社会秩序变坏，流氓横行，司法不公，市民就会产生安全的需要……对于一个几天未曾进食、极端饥饿的人来说，除了食物，他不会对其他事物产生兴趣；当一个人拥有了充足的面包，他就会对一双新鞋感兴趣，或者会想要拥有一辆看起来很拉风的跑车，又或是想要详细了解一下欧洲中世纪的历史；当一个人衣食无忧，生活幸福，拥有了财富和社会地位时，他就会想要继续提升自己，向更高的层次发展。这一系列的需要，正是马斯洛的需要层次理论讲述的内容。

马斯洛是人本主义学派的心理学家。他将人的需要划分为五个不同的层次，分别是生理需要、安全的需要、归属与爱（社交）的需要、尊重的需要和自我实现的需要。前三者是初级需要，具备一定的外部条件就可以获得满足；后两者则是高级需要，依靠内部因素才能获得满足。其中，处于需要最底层的生理满足，是人类生存最基本的一种需要，也是人类得以延续和发展的前提。生理需要包括饮食、运动、休息、睡眠、排泄、躲避伤害、寻找配偶、养育后代等。

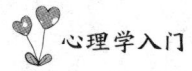

马斯洛说:"在一切需要之中,生理需要是最优先的。这意味着,在某种极端的情况下,即一个人生活中的一切东西都没有的情况下,很可能他的主要的动机就是生理的需要。"生理满足是人的所有需要中最重要,也是最有力量的。当一个人落水之后,在为得到空气而拼命挣扎时,就会体会到自尊和爱情是多么无足轻重了;当一个人跌落山谷,可能被饿死、被渴死时,就会知道,万千的财富和名声地位都不如一块面包来得实惠。

《史记·管晏列传》中曾记载:"仓廪实而知礼节,衣食足而知荣辱。"就是说人必须在吃饱穿暖、仓谷富足之后,才会产生另一个层次的需要,比如对审美、礼节和荣辱大义的追求。一位阿拉伯诗人也曾说过:坐在凉快的树荫下,端着茶杯悠闲地品茶的人,是永远体会不到水的重要性的;只有那些在沙漠中行走多时,饱受酷热折磨,口渴难耐的人,才知道滴滴甘泉的来之不易。历史上的众多战役中,多少身经百战的将领都是因为军队的粮草被烧、饮水被断,无法满足士兵最基本的生理需要,而无奈地兵败收场的。

明朝时期,活跃在北方边境的蒙古各部,一直以掠夺和贸易两种手段满足游牧民族日用品缺乏、手工业品供应不足的难题。在明英宗朱祁镇继位之后,蒙古首领利用英宗在麓川大肆用兵的机会,相继收复了归附明朝的各个部落,抢夺财宝,掠取食物。震怒之下的英宗,想要效仿明成祖朱棣亲征蒙古的壮举,再次创造一个历史的神话,却没想到,他率领的众将士在缺少水源、饥饿不堪的情况下,被蒙古首领大败。他自己也从贵不可言的皇帝,转瞬间变成了蒙古部落的阶下囚。

当时,朱祁镇在北京挑选了精兵五十万,向西出师迎敌。本想以精锐部队克敌制胜的朱祁镇,不仅没有占到作战的先机,还被区区三万人的蒙古骑兵一路追杀。狂奔数百里的大部队,最后被围困在一个地势险峻的高地上。此处确实非常安全,易守难攻,即使蒙古军包围高地,也不敢轻易进攻，因此明军得以与蒙古的轻骑部队相持两天之久。可是，军队驻扎的地方地势太高，掘地三尺都找不到水源，眼看着士兵们开始难以忍受饥渴，战斗力大大下降，朱祁镇也是心急如焚。

这时，一直苦于无法进攻的蒙古首领也非常头疼。虽然明军战斗力逐渐变弱，但若是他们一直守在高处，自己也拿他们没办法。于是，蒙古军佯装撤退，并声称要与明军和谈。明军见敌方确实在撤退，并且在重重包围中，给他们留了一条出路。饥渴不堪的明军，未识破蒙古军队的阴谋诡计，从敌军佯装留下的通路冲出包围，径直奔向十五里外的小河取水，结果被返身回攻的蒙古军杀了一个回马枪。五十万精兵几乎全部被杀，随行的王公大臣死了很多，可怜的英宗朱祁镇也被掳走，开始了他阶下囚的生活。

作家王小波曾笑称："世界上只有两种问题，一种是没饭吃饿出来的问题，一种是吃饱了撑出来的问题。"虽然他本意调侃，却也充分反映了人类需要的本质：最低层次的生理需要要优于高层次的安全、尊重等需要。当生理需要得到充分满足之后，人们才会开始为了较高层次的需要努力。处在生理需要之上的，就是安全的需要。

在远古时期，在那个必须凭借力量和速度维持生存的时代，人类个体的生存能力特别弱小，与老虎和狮子相比，人类的身体并不是最强壮的，奔跑起来也不是最快的，于是，人类选择了群居生活。群体里的每个人互相依附，互相帮助，互利互惠，维持各自的生存，而脱离群体的任何人，都没有生存下去的可能。

多少个世纪过去了，人类建立了文明社会，那种个体对群体的强烈依赖感也愈加强烈。每个人都需要在群体中找到自己的位置，找到庇护，找到安全感，这种需要深深地留在了现代人的意识深处。

这种来自人类远古时期的生存需求——对生的渴望和对死的恐惧，即成为马斯洛需要层次理论中的安全需要。安全需要包括人类对自身的人身

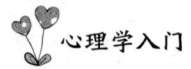心理学入门

安全,生活稳定,远离痛苦、威胁或疾病等方面的需要。细致分析,它包括人要吃饱穿暖、身体健康、职业安全、人身安全、躲避危险,要确保未来有保障等。安全需要是人类最正当的需要,也是生理需要得到满足后,急需保障的第二需要。

快速发展的现代社会,正在全方面地满足人们的物质要求和文化要求,却有越来越多的人,正在感受到安全感的日渐缺失。因此,科技的发达不能消除人类对危险的恐惧,物质的富有不代表心灵的富有。人们的安全感来自良好的社会治安,更来自全体社会成员的责任心;来自天灾人祸前的紧急救援,更来自对生命的诚挚尊重。如果工人在建设桥梁时,不曾想到要问心无愧地建一座坚固的桥;如果医生在治病救人时,不曾想到要光明磊落地行医,那么,无论多么高科技的设备,多么先进的生产技术,依然无法满足人们的安全需要。

可以说,在安全面前,没有富人和穷人,也没有高贵和卑贱。频繁发生的大地震和海啸,不是专门针对富人,也不是只为了摧毁穷人的家园;核泄漏甚至对大洋彼岸的人类有着同样的杀伤力。可是,如果穿衣吃饭都要小心翼翼,如果大多数人都居无定所或背井离乡,如果人行走的街道或者乘坐的交通工具都让人恐惧和不安,那么,安全需要又该从何谈起?

从前,有一个这样的国家,住在里面的人全都是小偷。到了傍晚,所有人都拿着钥匙,提着灯笼出门,他们准备到邻居家里偷东西。整个国家的人全部出动,你偷我家,我偷你家,到了天亮时分,所有人都提着偷到的东西,回到自己家里。当然,每一个回到家的人,都会发现自己的家也被偷过了。

虽然每天都要出去偷盗,每天自己的家里也会被偷,但是这样的生活他们过得也很幸福。每个人都可以从别人家里拿东西,别人又从第三个人的家里拿东西,相当于大家互相交换食物、家庭用品、学习用具,所以这

个国家里没有穷人，也没有富人，日子过得其乐融融。

不久之后，这个国家住进来一个诚实人。他不会去别人家偷东西，也不允许小偷光顾他的家。因此，到了晚上，当所有人都按照习惯，拿着钥匙，提着灯笼，到别人家偷东西时，诚实人却安然地坐在家里，抽着烟，看着小说。时间久了，诚实人家里没有丢任何东西，可是每天晚上想要偷他家东西的人就遭殃了。每天晚上，都会有一个人来到诚实人家门外，看着灯火通明的住宅而止步不前，到了天亮空手而回，却发现自己的家已经被偷窃一空。

当地人的生活被这个意外闯入的诚实人打乱了。于是，他们决定找他谈一谈。即使他不想过这样的日子，可是也不能妨碍别人。如果他整晚都待在家里，那每天都会有一户人家因为他受苦的。诚实人虽然无法认可当地人的逻辑，不过，他答应晚上像所有人一样，拿着钥匙，提着灯笼出门。诚实人永远是诚实的，他可以允许小偷光顾他的家，可他自己是永远不会去偷东西的。他用一晚上的时间，走到远方的桥上，看河水静静地从桥下流过。当然，当他再次回到家里时，他总会发现家里失窃了。

不到一个星期，诚实人就已经家徒四壁，没有任何东西可以吃了。在当地人继续偷窃的生活时，有一天，诚实人死在了他空空如也的房子里，他是被饿死的。

这是一个充满寓意的故事，我们可以在诚实人死亡的结局中，看到小偷国里每个人身上重新找回的安全感。在一个畸形的社会里，偷盗可以成为安身立命之道，诚实却要面临灭亡的结局。

《荀子·国富篇》记载："人之生不能无群，群而无分则争，争则乱，乱则穷矣。故无分者，人之大害也；有分者，天下之本也。"人是群居的动物，任何人都不会，也不可能脱离群体而独居。因为人一旦脱离群体，或遭到群体的抛弃，就会失去安全感。面对过于强大的不安全感，人

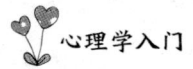

的身体机能会发生紊乱,严重时还会影响精神健康。可是,在一个提供畸形安全感的群体中长久居留,依附群体的价值观生存,同样可能沦为没有独立思想的偷盗者,就像故事中小偷国的人们一样——每个人都心安理得地活着,却不知道,他们正在建立一个颠倒的世界。

接下来,我们来探讨初级需要的最后一个层次,即爱与归属的需要,又称为社交需要。

回想起自己29年来的生活,韩冰依旧是一脸无奈。童年时期孤独无依的韩冰,心中一直想要一处温暖的港湾,能够让她感到安全,让她舒心停靠,让她依偎终老。无奈世事难料,虽然她步步小心,珍惜着每一处可能的心灵屋宇,最后还是落得孤独一人,继续在人海中漂泊。

韩冰出生在外婆家,也在外婆家开始了她寂寞孤独的童年。未婚生子的妈妈将她寄养在那个偏僻的山村中,独自一人远走他乡,逃脱了失落爱情的伤心地,也逃脱了对韩冰的责任。

从小学开始,韩冰一个人上学,一个人放学,假期里帮助外婆经营店铺,积攒学费。多年来,没有父母的疼爱,没有兄弟姐妹依靠的韩冰,渐渐养成了坚强、倔强的性格。可是,没有人知道,外表看起来乐观、开朗的她,内心却始终有一个冰冷的空洞,等待着爱人温暖的填充。

直到她遇到黄建,她的初恋情人,她才第一次感受到被人关心、被人呵护的幸福。黄建给了她从未有过的快乐,也给了她一个可以停靠的心灵港湾。韩冰为黄建洗衣煮饭,为黄建打理生活,她甚至一度以为黄建会是她生命的全部。她会用一生的时间来守护这份感情和这个给了她全新生命的男人。

可是,黄建并没有如她想象的那样渴望永远。当韩冰想要与他结婚,建立属于他们的家庭时,黄建出于对未来的恐惧,又无法坦白地拒绝韩冰的深情,于是选择了不告而别。伤透了心的韩冰,一气之下选择了始终陪伴在她身边的何远，一个年纪大她十岁之多的服装商人。韩冰在何远的安抚下，度过了黄建离开后异常艰难的三个月，本以为可以在何远的身边重新找到醇厚的情感慰藉，然而，婚后的生活却带给她更大的伤痛。

何远一直迷恋韩冰的年轻貌美，却始终介意韩冰心中一直存在的初恋阴影。婚前他沉默不语，不置一句评论，两人结婚后，他内心的失衡却渐渐显露出来。他要么用尖酸刻薄的话语发泄自己的嫉妒；要么就整夜不归，以此向妻子的精神不忠表示反抗。就这样，虽然韩冰的物质生活不再贫瘠，她的心里却始终冰凉，找不到婚姻的快乐，也找不到人生的幸福。

后来，韩冰将全部的精力放在了工作上。随着自己的生意越做越好，韩冰原本的自卑和无助得到了弥补。她想，比起感情的心灵慰藉，物质上的富足看起来似乎更实惠一些。然而，只有她自己知道，一切不过是她自欺欺人的借口。每当夜深人静的时候，心底的无限空洞只有她自己能够触摸到；内心的无限酸楚，她只能对着空气诉说。

两年后，韩冰结束了与何远的婚姻。她毫无留恋，也不曾哭泣。她知道，她就像一叶没有根系的浮萍，生来漂泊，注定终身无依。

每个人都需要和他人建立情感联系，爱他人和接受他人的爱。这是一种情感的互换，也是人的本能需要，就像每个人都需要父母的关爱，需要朋友的陪伴，需要情人炙热的爱情一样。每个人都需要与人交往，需要被同伴接纳，需要得到他人的认同，这种需要高于生理需要和安全需要，属于马斯洛需要层次理论的第三层——归属和爱的需要。

这种需要如果无法得到满足，个人就会感到孤独、无助，精神生活异常痛苦。就像故事中的韩冰一样，她在一个缺乏父母关爱、情感极度贫瘠的环境中成长起来，虽然这种窘迫的环境，养成了她坚强的性格，却无法满足她爱与归属的需要。于是，长大后的她，急切地渴望寻找一个温暖的臂膀，无论是爱情，还是婚姻。这些来自他人的情感，既能满足她交往和

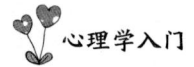

陪伴的需要，同时也弥补了她童年时期亲人关爱的缺乏。

电影《碧海蓝天》中的杰克也是如此。与韩冰不同的是，他选择大海和海豚作为自己最后的爱和归属。在他拥抱海洋的那一刻，他理解了自己的母亲为什么会离开挚爱的父亲，也理解了为什么父亲在身体状况不好的情况下，依然坚持下海潜水。他们所做的一切，都不是为了生存，也不是为了物质或者名声，而是在寻找一个心灵的归属。在杰克看来，心灵归属比爱更重要，于是他拥抱海洋，选择永远和海豚生活在一起。

其实，社会上彼此陌生而又密切交往的大多数人，帮助他人、关爱他人、与陌生人建立友谊的大多数人，同样是为了获得他人的认同和接纳，为了寻找心灵的归属。那些让孤独占据生活空间，不与人接触，不和人谈话交流的人，并不是有能力脱离这种情感关联，而是在自我屏蔽中，渐渐削减自己的社会身份。

第二节　尊重与自我实现——高级需要

马斯洛说："尊重需要的满足,能够使人对自己充满信心,对社会充满热情,体会到生活在世界上的用处和价值。"尊重的需要,是达到自我实现之前的最后一个需要,它包括希望获得实力、成就、独立,以及希望得到他人的赏识和高度评价。

尊重的需要常常被分为两部分——内部尊重和外部尊重。内部尊重指的是一个人希望在各种情景中,能够表现得有实力,充满自信,能够独立自主,也就是人们常说的自尊。外部尊重指的是一个人希望有社会地位,有威信,受到来自他人的尊重和信赖。

每个人都希望自己有一定的社会地位、人格和能力,都希望得到社会的尊重和承认。不过,得到他人尊重的前提,并不是一定要比他人位高权重,比他人更富有,更有实力,而是先学会尊重他人。历史上,关于人际尊重的故事数不胜数,程门立雪、孔子尊师的故事也一直被传为美谈。而因为不懂得尊重他人、侮辱他人而失掉颜面,遭受严惩,甚至不得不付出生命代价的例子也有很多。

清朝同治年间,张之洞时任两江总督。一次,他在松江府微服私访时,遇到了一个老同学。这位老同学并未当官,而是在一个乡绅家里当教书先生。他深知张之洞官运不错,今日一见,看他穿着一身老百姓的粗布

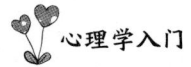

衣裳，没有随从，也没有排场，不禁有些诧异，忙关心道："你这是遇到什么挫折了？"张之洞因为公务在身，不便透露实情，便撒谎说："我要到南方公干，因事路过这里而已。"

两人多年未见，于是他挽留张之洞住下，想在一起叙叙旧情。第二天，恰好赶上松江知府设宴办寿，邀请了许多地方的官员一同庆贺。乡绅拿到请柬，见闲来无事的两人正在家里漫话家常，于是带着教书先生和张之洞一同赴宴。

宴席上，前来为松江知府祝寿的宾客，不是官场上的同僚，就是地方有名望的乡绅和文人。所有人互相见面后，忙不迭地互相寒暄着，场面好不热闹。张之洞和他的同学不认识宴席上的任何人，被冷落在了一旁。

待华灯初上，宴会正式开始时，众多宾客陆陆续续开始入席。这时，张之洞拉着老同学大大咧咧地抢步上前，径直走到首席，翩然落座。张之洞的这一举动，震惊了宴席上的所有人。人们开始窃窃私语起来，有人说这人定是来头不小，否则也不敢在知府的宴会上闹事；有人说这人或是知府的仇人，是明目张胆地来挑衅的。

知府见到此番场景，心里也甚是恼火。不过，众多宾客在场，他不便发作，若闹得众多贵宾不欢而散，失的终究还是他的面子。于是，他压着心中的怒火，走到张之洞面前，手指着桌上的松江鲈鱼说出了一句上联："鲈鱼四腮，独占松江一府。"张之洞心知知府是拿鲈鱼自比，以警告面前自己这只不知天高地厚的"鱼虾"。他思虑片刻，不慌不忙地走到一盘螃蟹旁边，从容地对出了一句下联："螃蟹八足，横行天下九州。"

松江知府听到对方未曾示弱，甚至气势更加嚣张，心想这人定是有些来头，于是他忙凑到身旁的教书先生耳边，打听来人姓名。当他得知，此人正是两江总督张之洞时，不禁大惊失色，慌张地跪倒在地，连称："该死！该死！"

无论一个人是地位显赫，还是位卑言轻，只要能够以平等的姿态与人沟通，让对方感觉受到尊重，任何人都会反过来尊重你。可是，如果一个人总是自觉高高在上，习惯以盛气凌人的口吻与他人沟通，以对方尊严受损达到满足自己虚荣的目的，那么早晚有一天，损失最大的一定是他自己。

在获得他人的尊重之前，人最重要的就是自尊。每个人都要肯定自己的价值，接受自己的全部，因为，人的许多优良的品质，比如严于律己、自强不息、奋斗精神等，都是与人的自尊需要分不开的。就像《简·爱》中，卑微可怜的简，面对蔑视她的罗切斯特先生时，正是由于她对自己的接纳，对自我的尊重，她才能够大声地说出："你认为我穷、低微、不美、矮小，我就没有灵魂，没有心吗？我的灵魂跟你的一样，我的心也跟你的一样！我们站在上帝面前是平等的！"

心理学家表明：一个人只有自尊需要得到满足，才能产生旺盛的创造力，实现自我，获得成功。自尊需要一旦受挫，就会使人产生自卑、软弱、无能的感受，使人失去信心，无所作为。一个人如果没有了自尊心，甚至会做出为人所不齿的事情来。

对于那些把自尊需要建立在良好的内在品质上的人，如善良、忠诚等，他会一直感觉良好，无须通过寻求成功，或是他人的评价来明确自我的价值。他们会去保护暴力中的受害者，很少浪费时间经营自我形象，而是注意培养自己的才能和发展人际关系。最终，具有这些品质的人，能够最大限度地满足尊重的需要，并且会给自己带来更大的幸福感。

处于人类需要层次塔尖上的是自我实现的需要。马斯洛在给他的学生上课时，曾经向学生提问说："你们谁希望写出美国最伟大的小说？谁渴望成为一个圣人？谁想要成为这个国家伟大的领导者？"面对老师的提问，学生们的反应除了不安地动来动去，就是红着脸，在座位上咯咯地笑，仿佛老师提的问题，是一个引人发笑的笑话。马斯洛又问："你们有

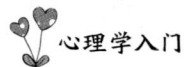

人正在悄悄写一本伟大的心理学著作吗？"这时，有一位坐在角落里的学生回答说："当然有！"马斯洛说："可是，你打算一直这样沉默寡言地写下去吗？那并不是一条通往自我实现的理想途径！"

马斯洛说："自我实现是人生在世最大的价值。"这种需要，来自对自我价值观的肯定，也是一种不断成长、充实自己，自我创造与实现自己的需要。它包括了一个人能够实现的最大限度的理想抱负，也是一种完成与自己能力相称的一切目标的需要。儒家所谓的"士不可以不弘毅，任重而道远"和"天下兴亡，匹夫有责"，亦是这个道理。

无论是危难动荡的时代，还是天下太平、百姓安居乐业的时代，追求人生的最大意义，创造人生最大价值的需要永远存在。这种需要可以出现在佛家普度众生的慈悲中，也可以出现在追求自由民主的呐喊里；是天文学家坚持探索宇宙奥秘的热情，也是仁人志士坚守理想、改造社会的决心。

施里曼的成就举世瞩目，不是因为他聚集了大量的财富，成为一个成功的实业家，而是因为他消耗了毕生的财富，用后半生的时间，向世人证实了《荷马史诗》中所说的特洛伊和迈锡尼古国的真实存在。

施里曼出生在一个经济贫困的家庭，小时候，施里曼经常从父亲口中听到一些《荷马史诗》的片段，《伊利亚特》和《奥德赛》中的很多战争故事，他都早已烂熟于心，而且，他始终坚信特洛伊战争并不是传说，而是真实存在的历史。他发誓，有生之年一定要到书中记载的地点，挖掘古迹，寻找真正的答案。可是，施里曼的父母养活一家人已经非常吃力了，根本没有能力供他念书。于是，施里曼14岁时便辍学开始工作。虽然生活艰苦，但是他始终没有忘记儿时的梦想。

施里曼辍学后，开始了在杂货铺做学徒的生活。在此后的二十年中，他做过各种各样的工作，直到有一天，他成了一个实业家，拥有了大量的财富和受人瞩目的地位。在用心经商、不断积累财富的同时，他从不曾忘

第六章
行为的驱动力——需要与动机

记儿时的梦想。多年来，他一直在为考古挖掘做着准备。他自学了德语、英语、法语等18种外语，并且搜集了大量关于特洛伊战争的资料。就在他事业鼎盛之时，有一天，他觉得时候到了，他要将梦想付诸行动——亲临现场，去寻找心中的特洛伊。于是，他毅然决然地放弃了商业发展，变卖家产，专心地投入考古事业中。

从施里曼所处的德国前往土耳其去挖掘一个神话故事，本身就是一件需要耗费巨大财力，还需要冒政治风险的事情，加之同行的排挤、学术界的嘲笑，根本没有人看好他的行动。可是，施里曼还是依然故我地出发了。1870年，他带着新婚的妻子，带着雇来的工人，来到了土耳其境内的山丘，开始考古挖掘。三年后，他们发现了多层城墙遗址，并终于在一座地下古建筑物的围墙附近挖出了大量的金银器皿。施里曼兴奋地向世界宣布，他发现了特洛伊的遗址。在多年的坚持努力后，他终于证实了自己的想法。

短短十几年后，这位从中年走入老年的德国男人，开启了考古史上一个绚烂的篇章。虽然他经常被专业的考古专家诟病，也有人说他不远千里地奔波，多年挖掘，不过是为了寻找黄金。不过，唯一无法否定的是，他在古老传说和现实之间，搭建了一座桥梁。这座桥梁连接了古代希腊的真实和虚幻，也连接了他童年的梦想和一生的追求。

施里曼找到了人生的理想，并且在实现理想的道路上认真钻研，积极准备，他既接纳了自己的完整存在，也向世人证明了自己的价值，可以说，他达到了自我实现。不过，在自我实现的路上，大多数人都无法像施里曼这样顺利，因为人们心中存在一种逃避卓越、逃避崇高品行的心理，即马斯洛命名的"约拿情结"。

"约拿"是圣经里的一个人物。他本身是一个虔诚的犹太先知，并且一直渴望能够得到神的差遣。有一天，神终于给了他一个光荣的任务，让

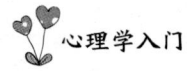

他去赦免一座本来要被罪行毁灭的城市。令人意想不到的是，约拿竟然拒绝了这个任务。他选择了逃跑，不断躲避着他信仰的神。神动用各种力量寻找他，唤醒他，甚至命令一条大鱼吞了他。最后，他经过反复的犹豫和思考，终于悔改，完成了神赋予他的使命。

"约拿情结"就是一种对成长的恐惧——人不仅害怕失败，也害怕成功。于是，约拿情结代表了一种在机遇面前自我逃避、退后畏缩的心理。这种情绪导致我们不敢去做自己能做得很好的事，甚至逃避发掘自己的潜力。在日常生活中，约拿情结表现为个人安于现状，缺少进取心。

人们存在着这种诡异的心理现象，所以在面对高级需要，面对崇高的自我实现时，常常出现躲避、恐惧的心理。人们常常宁愿视天真为幼稚，视诚实为愚钝，视坦率为无知，而不愿意在众人面前表现出这样的高尚行为。因为这种不可避免的"约拿情结"，使得自我实现成为少数人的权利。那些无法坚持自我、追求安逸生活、随波逐流的人，面对自我实现只有望洋兴叹的份儿；只有那些始终不改自己的目标，始终坚信那是一件自己有能力完成并且可以实现自我价值的事的人，最终才能取得成功。

第三节 我为什么这么做——动机与价值观

究竟是什么决定了我们的行为？做什么与不做什么、这样做还是那样做，背后的驱动力是什么？

有一个小伙子带着朋友去参加一个社交舞会。在众多年轻貌美的女士中，他被一位姿色出众、气质不凡的年轻姑娘迷住了。内心几经冲突之后，他鼓足勇气，决定向姑娘倾吐内心的想法。于是，他满脸堆笑地迎上去，心想，伸手不打笑脸人，她应该不会断然拒绝我的。果然，他的笑容似乎奏效了，那位姑娘回应了他的微笑，而且一边笑着，一边向他走来。他感到希望就在眼前，一定要在姑娘走到他身边的那一刻，向她表白内心的倾慕。可是，他的希望又骤然之间消失了。那位姑娘并没有在他面前停下，而是径直走到他身后，拥抱了一位高大英俊的男子。小伙子看着两人甜甜蜜蜜地走到角落里亲密交谈，内心的失落翻涌而出。

心情极度郁闷的小伙子，在几个好友的陪伴下，喝下了几十瓶啤酒。舞会散去后，他们则直接被带到了警察局。因为，酒后情绪失控的几个人，不仅在大街上恐吓路人，还用石头、木棍砸烂了一条街的橱窗玻璃。

看过这个故事后，你一定会质疑，是什么样的动机让刚刚还心平气和的小伙子，竟然做出如此过激的举动？是求爱受挫后导致了情绪低落，继而引发的不友好态度和侵犯行为？是这样的行为让他感到新奇，又令人兴

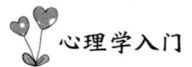心理学入门

奋？还是小伙子的荷尔蒙分泌异常，存在某种先天的精神缺陷？

无论是哪种原因，都必然有一个刺激源，形成了他做出这些行为的需要和动机，而动机就是满足某种需要的意愿。因为，只有动机的明确引导，才能使人产生相应的行为反应。就像有的人想在工作业务上获得优异的成绩，想要升职加薪，所以他才会心甘情愿地加班，主动面对工作上的任何困难；而有的人本身衣食无忧，工作只是为了娱乐，为了打发无聊的生活，他则不会给自己明确的工作要求，也不会为了工作牺牲自己的业余时间，所以他平常都会表现得态度散漫，不求上进。同一种行为可能有不同的动机，同一种动机也会产生不同的行为。

每个人的行为动机都可以分为外在动机和内在动机。所谓外在动机，指的是为了获得额外的物质奖励，以工作报酬为前提的劳动付出；所谓内在动机，指的是完全出于个人喜好，或者为了完成自己的目标而做出的行为。比如，一个小学生每天都在研究数学题，数学考试从来都是一百分，如果他是为了妈妈允诺给他新玩具而努力学习，就是受外在动机的驱使；如果他只是单纯地喜欢数学，每次研究数学题目都让他感到快乐，他则是受内在动机的驱使。当然，一个人做出某一行为的动机往往非常复杂，既包括内在动机，也包括外在动机。许多最开始由内在动机驱使的行为，最后也可能受到环境的影响，变作受外在动机的驱使。

在一个海边小镇的木屋内住着一位老爷爷，在他的木屋前面，有一片光滑而平坦的空地，平时，总是有许多当地的小朋友到这里来玩。他们欢欢乐乐地玩耍，享受着天真的童年时光，时间久了，这一小片空地已经成为他们的大本营，无论是打弹珠还是捉迷藏，他们都会到这里集合。

小朋友们在空地上玩得很开心，却给老爷爷带来了不小的苦恼。老年人喜欢安静，而且，他习惯在忙碌的上午工作结束后，在午后小憩一会儿。可是，这些精力旺盛的孩子，玩起来就没有一刻钟的安静，这严重打

乱了老爷爷的生活。气愤恼怒的老爷爷尝试过说教，也尝试过喊骂、驱赶，结果都无济于事。

一天，老爷爷想到了一个聪明的法子。当小朋友们再次来到空地上玩耍时，老爷爷和蔼地对他们说："我现在挺喜欢看你们在这儿玩耍的，看着你们高兴，我也感到很高兴。如果以后你们每天都来，我会每天给你们5块钱。"

小朋友们听了老爷爷的话，感到非常高兴。"老爷爷不赶我们走，还每天给我们钱，以后，我们天天到这儿来。"

第一个星期，小朋友们像平常一样玩耍，天黑时再高高兴兴地回家，临走的时候，收到老爷爷给他们的钱，心里更高兴了。到了第二个星期，老爷爷对小朋友们说："最近，我的手头有些紧，钱不够用了，从明天开始，每天只能给你们2块了。"小朋友们听了这个消息，有些闷闷不乐，不过还是有大半的人继续在空地上玩耍。到了第三个星期，老爷爷又对小朋友们说："我现在生活非常困难，就算你们每天到这里来玩，我也不能给你们钱了。"小朋友们听后非常生气，决定以后再也不到老爷爷这里玩了。

老爷爷的计谋果然奏效了。后来，那群小朋友真的再也没来过。没有了一群孩子整天在空地上吵吵闹闹，老爷爷又过上了平静的生活。

原本，小朋友们喜欢来老爷爷的空地上玩耍，都是出于有趣、好玩，完全受到内在动机的驱使。当老爷爷决定为他们支付报酬时，小朋友们的内在动机被外在动机取代。他们的玩耍和嬉笑不仅仅是为了好玩，而且还为了老爷爷许诺的报酬。最后，他们纯粹为了经济报酬而玩耍，当老爷爷决定不再给他们钱时，所有人都不再继续来玩耍了。

这个心理学道理同样适用于管理领域。在公司内部，如果员工本是出于内在动机从事某项任务，人事部门就需要提供完善的支持系统，为其目标的实现提供便利。如果增加过多的外在奖励，很可能会将员工的内在动

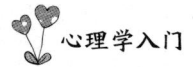

机转化为外在动机,使得员工单纯地为了经济报酬而工作。

在我们形形色色的动机中,起核心作用的又是什么?先来看看下面这则故事。

有一次,一位作家和他的朋友到报摊上买报纸,他的朋友拿过报纸后,很有礼貌地对报贩说了声"谢谢",可是,报贩不仅没有回应,还板着一张臭脸,对他们爱理不理的样子。作家非常恼怒,对他朋友说:"这个家伙态度太差了吧!"朋友说:"他每天晚上都这样。"作家有些不解,问朋友道:"你明明知道他态度差,为什么还对他这么客气?"只听朋友云淡风轻地说:"他态度差是他的问题,为什么我要让他决定我的行为?"

看完这个故事,你一定有所感触。每一个匆忙行进的日子里,你的心情是否每时每刻被远方的爱人所左右?你的工作态度是否因为某一个客户的态度而改变?你的行为是来自理智大脑的指引,还是在人群中随波逐流的选择?对你的人生到底谁才拥有决定权?华尔街流行过这样一句名言:"平庸的交易者用技术交易,顶尖的交易者用信念交易。"用强烈的价值观和信念支撑自己行为的人,能够坚持自己的态度,不被他人的想法和态度左右自己的行为。

一个人的价值观,往往就是一个人思想意识的核心,也是行为动机的核心。它决定着个人的思想和行为。符合价值观标准的事物和行为就被认为是有价值的,否则就被认为是没有价值的。可以说,是价值观在时时刻刻地决定着人的行为。比如,对音乐感兴趣的人,会认为音乐拥有无穷的能量和价值,因此,他总是对乐器以及有关音乐的书籍、刊物等格外注意。有关音乐方面的信息,不论是歌剧还是广播或是别人的演奏,甚至报纸上有关音乐的报道,别人议论有关音乐的话语,对他都有很大的吸引力。他也会将音乐作为人生理想,用更多的时间和精力,来实现自己在音乐上的价值。

第六章
行为的驱动力——需要与动机

价值观会直接影响个体的头脑观念和对事物的是非判断。一个人把目标的价值看得越高，由此引起的动机就会越强烈，在实现的过程中，发挥的能量也就越大。反之，如果一个人认为目标的价值不大，或者根本没有价值，那么他根本不会产生行为动机，更不用说激发出多大的力量了。

一个常年靠乞讨为生的乞丐，整天过着衣不蔽体、食不果腹的生活。一天，他的一个富有的远房亲戚去世了，因为这位富翁没有子女，身边也没有血缘更近的亲人，于是，他将毕生的财富都留给了这个乞丐。

继承了大笔财产的乞丐，一夜之间从一无所有变成了百万富翁。霎时间，各大媒体和记者纷纷涌到他家，想要了解他下一步的安排。当一个新闻记者问他说："既然您已经继承了大笔的财富，那么，您接下来想做的第一件事情是什么？"乞丐回答说："我要买一个好一点儿的碗和一根结实的木棍，这样我以后出去讨饭会方便一些。"

乞丐如果缺少成为富翁的价值观和信念，即使上帝青睐他，将成为百万富翁的机会留给他，他也永远只是一个拥有巨额存款的乞丐，正如人们所说的那样：暴发户的骨髓里永远只是穷人。钞票可以为乞丐提供精致的衣裳，让他住进高档豪华的房子，让他享受社会名流的拥戴，却无法帮助他将头脑中的思想从乞丐变为富翁。

在F1的赛场上，舒马赫无疑已经是最伟大的选手了，因为他战胜了所有的F1选手。但比舒马赫更伟大的，是身为自行车赛车手的兰斯·阿姆斯特朗，因为他不仅战胜了众多的选手，还战胜了死亡。

阿姆斯特朗是美国的一名自行车赛车手，1992年开始职业自行车比赛的生涯，1996年被诊断患有睾丸癌，当时癌细胞已经扩散到了他的肺部与脑部，连医生都认为他康复的机会只有50%。然而在承受了高强度的化疗以后，他做出了重回训练场的决定。在接下来的十年里，他写下了运动生涯中最辉煌的篇章。他病情痊愈后，在首次参加的环法自行车比赛

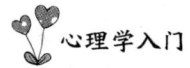

中获得了冠军,当时,他的反对者们曾一度断言:这次获冠已经是阿姆斯特朗的强弩之末。然而,他在2000—2005年持续创造了环法大赛七连冠的奇迹,被人们称为"环法英雄"。

谈到和死神交战的那段时间,阿姆斯特朗说:"我16岁开始全身心地投入自行车训练。不管是对待癌症还是对待比赛,我的态度都一样:把挫折当成上坡路,咬紧牙关总会过去。"

他的人生哲学让他与病魔对抗成功,参加自行车比赛的过程,更让他得到了精神层面的滋养。对他来说,拥有健康的生命是一件珍贵的事,能够继续参加比赛,同样也是一件有重要意义的事。

内心拥有成就信念的人,会向着成功一点点努力迈进;拥有不畏困难想法的人,可以在铺满荆棘的道路上走出通途;而那些内心坚定,将某一事物看得异常珍贵,将某一目标当作终身追求的人,才可以与命运抗争,把挫折当成上坡路。

第七章
喜、怒、哀、惧——情绪

  学会调节自己的情绪，为自己找到一个恰当好用的调节方法，既是提高生活质量的要求，也会给自己的人生带来愉快的记忆。

第七章
喜、怒、哀、惧——情绪

第一节　28天大循环——情绪生物钟

人非草木，孰能无情？人生活在社会中，为了自身的生存和发展，就要不断地认识和改造客观世界，创造人类文明、进步和发展的条件。人们在变革现实的过程中，必然会遇到得失、顺逆、荣辱、美丑等各种情景，因而有时感到高兴和喜悦，有时感到气愤和憎恶，有时感到悲伤和忧虑，有时感到爱慕和钦佩。这些不同的心理表现，都是情绪的不同形式。

也许你认为情绪只是一种感觉，"我感到快乐"或是"我觉得悲伤"，但是，我们需要对这个重要的概念下一个更广泛的定义，既包括躯体，也包括心理；既包括主观体验，也包括外部表现。心理学家将情绪定义为：一种躯体和精神上复杂的变化模式，包括生理唤醒、感觉、认知过程和行为反应，这些是对个人知觉到的独特处境的反应。

情绪是生活中非常重要的一部分，是我们感受生活、感受自我的一种最直接的形式。设想一下，如果你可以思考和活动，却没有感觉，生活将会怎样？你是否愿意，不再体验到恐惧的感觉，同时又不得不失去感受爱人爱抚和亲吻的机会？你是否乐于以放弃欢乐为代价去远离悲伤？显然，这都不是什么好主意。

我们可以在快乐的情绪中体会到生活的幸福；可以在悲伤的情绪中体会到失恋的酸涩；会在国家强盛时大声呼喊，举杯同欢；也会在同胞受难

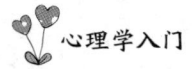心理学入门

时心同此心,感同身受地体会到他人的痛苦。这些都是情绪的不同功能。在一段情绪中,可以此刻欢喜,下一刻就转为愤怒,再下一刻可能又转怒为喜。在我们表情、心情变化的同时,生理的某些指标也在随之变化。

小莉最好的朋友简溪周末过生日,她特意跑到了市中心最大的商场,准备给朋友买一个精致的礼物。经过了几番精挑细选之后,她在一家礼品店里挑到了一个精致的玻璃杯。疲惫的小莉找到了一处顾客休息区,想要休息一阵儿,再出发回家。当她把玻璃杯放在了椅子旁边,刚刚准备坐下时,却听见"哗啦"一声,一位中年男子走过她身边,同时一脚把她刚买的玻璃杯踢倒了,精致的杯子瞬间摔得粉碎,玻璃杯变成了玻璃碴。

一身疲惫的小莉,心里想着"这人有毛病吧,走路都不看脚下的",她站起身,正要对中年男子发火的时候,发现他原来是一个盲人。冲到嘴边的怒火,瞬间变为无奈的愤怒。男子毫无察觉地继续向前走,小莉只好自认倒霉,回到礼品店重新买了一个玻璃杯。

在这个故事中,小莉前后经历了几个不同的情绪阶段。每一阶段都会有相应的主观感受,即小莉本人的心理感受,还有相应的外部表现和生理反应。比如,当中年男子踢碎了她的玻璃杯时,她的主观体验是愤怒;外部表现是睁大眼睛瞪着对方,站起身来,跃跃欲试地想要骂人;生理反应则是心跳加快、血压升高、呼吸急促等。直到她知道对方是一位盲人,情绪迅速转入下一个状态。在短短几十秒钟的时间里,情绪可以几经变化,一会儿达到高潮,一会儿跌落低谷,就像是一条波动的正弦曲线一样,周期地出现高峰和低谷,却时时刻刻地迂回前进着。

在每一次小的情绪周期之外,还存在一个大的情绪周期。英国医生费里斯和德国心理学家斯沃博特已经发现,每个人都有周期为28天的"情绪生物节律"。每一次情绪高潮时,人会表现得心情愉快、精力充沛,并且具有强烈的创造力和艺术感染力;低潮时则会表现得情绪低落、精

第七章
喜、怒、哀、惧——情绪

神不振，工作上也容易出差错。高潮和低潮先后出现后，继续进入下一次的周期循环。

在情绪周期中，有积极的情绪，也有消极的情绪。积极的情绪对健康有益，消极情绪则会影响身心健康。《黄帝内经》就有"喜伤心、怒伤肝、思伤脾、忧伤肺、恐伤肾"之说，可见古代人已经看到了人的情绪与健康之间的关系。人在恐惧时，会出现瞳孔变大、口渴、出汗、脸色发白等变化；人在忧郁时，会出现胃酸增多、腹胀、腹痛、便秘等生理表现。这些生理变化在正常的情况下具有积极的作用，可以使身体各部分积极地动员起来，以适应外界环境变化的需要。可是，如果长期使自己暴露在这样的情绪下，不仅会影响日常生活的心情，还会带来身体上的病变。

学会调节自己的情绪，为自己找到一个恰当好用的调节方法，既是提高生活质量的要求，也会给自己的人生带来愉快的记忆。

从前，有一个年轻人。他勤奋、老实，每天卖力地工作，辛苦地经营着他的土地和房屋。每次与人发生争执的时候，他都会借着满腔的怒气，以最快的速度跑回家，然后绕着自己的房子和土地跑上三圈，等气消了之后，一个人坐在田边喘粗气。

随着年龄的增长，年轻人的辛勤劳作终于有了成果。他的房子越来越大，土地也越来越多。可是，不管他的房子多大，土地多广，只要与人发生了争执，内心怒火中烧时，他就会绕着房子和土地跑上三圈。多年来，所有熟识他的人，都知道他这个习惯，可是，当别人问他为何要绕着房子和土地跑时，他却不愿意说明原因。

几十年过去了，当年年轻力壮的小伙子，已经变成一个白发苍苍的老人。这时，老人已经拥有了大片的房产和土地。他虽然已经很老，走起路来也颤颤巍巍的，却依旧保持着年轻时的习惯。

一次，他又被人惹生气了，拄着拐杖的老人开始绕着土地和房子，艰

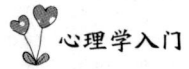

难地前进。等他筋疲力尽地走完了三圈后,太阳已经下山了。老人独自坐在田地间喘气,他的孙子走过来,担心地说道:"爷爷,你现在年纪大了,不能像以前一样,一生气就绕着土地跑啊!"看着爷爷沉默不语,一直心存好奇的孙子终于说出了心中的疑惑:"爷爷,您可不可以告诉我,为什么您一生气,就要绕着土地跑上三圈呢?"

爷爷原本不想说,最终耐不住孙子的一再恳求,终于道出了隐藏多年的秘密。爷爷说:"年轻时,我如果和别人发生了争执,生气时就绕着土地跑上三圈。一边跑,我就一边想:我的房子这么小,土地也这么小,我不应该把时间花在和别人吵架、和别人生气上。想到这里,我的气就渐渐消了,马上就把所有的时间用来努力工作。"孙子又问:"爷爷,现在您拥有了大片的房产和土地,已经变成了非常富有的人,为什么生气时,还是要绕着土地跑呢?"老人笑着说:"我现在绕着土地跑时,会边跑边想:我的房子已经这么大,土地已经这么广阔,我又何必跟人计较呢?一想到这儿,我所有的怒气就都消失了。"

孙子恍悟:"原来,这是爷爷自创的调节情绪的方法啊!"

第二节 一颦一笑、举手投足——情绪的身体语言

情绪的外部表现就是表情。面部状态、身体姿势和语调变化,都会淋漓尽致地表现出一个人的情绪状态。面部是最有效的表情器官,再配合上一个恰当的声调、丰富的肢体语言,就可以生动、准确地表达出一个人的情绪状态,甚至可以展现出一个人的文化水平、价值取向和性格特点。

俗话说:眼睛是心灵的窗户。人的眼睛是最善于传达情绪的,不同的眼神可以表达出不同的情绪。比如,高兴时的"眉开眼笑",气愤时的"怒目而视",惊讶时的"目瞪口呆"等。反过来,我们也可以透过眼睛传达出的表情,来判断对方的内心世界。

郑中基有首歌唱道:"你的眼睛背叛了你的心。"很多情况下,我们只需要透过一个人的眼睛,就能够读懂对方的内心。眼睛的眨眼频率、眼珠的朝向、视觉方式的变换等,都能够表达一定的心理内容。当一个人眨眼过多时,他的思维没有活动;反之,当他的眨眼速度开始放慢时,说明他正进入思考状态。

除了面部的表情之外,人在不同的情绪状态下,身体姿势和语调也会发生不同的变化。比如,高兴时捧腹大笑,恐惧时紧缩双肩,紧张时坐立不安。爽朗的笑声表达的是愉快,低声的呻吟表达的是痛苦;播音员解说欧洲杯的比赛时,声嘶力竭地喊叫,是一种紧张和兴奋,而当谈及一位伟

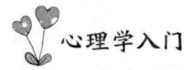
心理学入门

人去世时,播报员总是语调缓慢而深沉,表达一种悲痛和惋惜。

一个人的一举手、一投足,都可以表达个人的某种情绪。所以,众多罪犯才会被自己的表情出卖,让经验丰富的警察或者权威的心理学家识破他们的谎言。比如说,人的微笑有两种,一种是真的,一种是假的。当人们表达真正的微笑时,面颊上升,堆起眼周围的肌肉,如果此时做脑电反应,会发现他们大脑左半球的电位活动增加;当人们假笑时,并不是感到愉快,仅仅是为了表示礼貌,或者掩饰尴尬,这时他们仅是嘴唇的肌肉活动,下颚下垂,大脑左半球电位活动不明显。懂得这些的人,就可以在一个人的脸上轻易看出他是真笑,还是假笑。

值得庆幸的是,人的表情各有姿态,全人类的表情却有一个相同的标准,就像达尔文在《人类和动物的情绪表情》中所说的一样:"不同的面部表情是天生的、固有的,并且能为全人类所理解。"也就是说,即使东西方存在文化差异,文明社会和原始部落存在差异,也并不妨碍生活在北美洲的人读懂南非原始部落居民的表情,也不会妨碍欧洲人读懂中国人的想法。这一点,心理学家艾克曼在他的研究中已经证实。

风靡全球的美剧《Lie to Me》让我们见识到了通过微表情识破谎言的技术,也让一位研究微表情数十年的心理学家的成就进入了我们的视野,他就是心理学家保罗·艾克曼。艾克曼是一位执着于个人研究的学者,同时也是一生致力于谎言研究的心理学家。他的故事不乏曲折,却始终充满朴素研究的意味。

1934年2月15日,保罗·艾克曼出生于华盛顿特区,他的父亲是一位儿科医生。小时候,他的父亲经常会在餐桌前阅读最新的医学期刊,并且花费时间去研究。对研究工作的高度热情,成为父亲留给艾克曼的宝贵财产。

14岁那年,艾克曼的母亲死于躁郁症,这一情节在《Lie to Me》中

第七章
喜、怒、哀、惧——情绪

曾反复出现：49岁（母亲自杀的年龄）的莱特曼博士，一遍一遍地回忆着母亲自杀前的情节，期待在蛛丝马迹中寻找真相。正是母亲的死，让艾克曼决定投身心理学，将来帮助像母亲那样不幸的人。

在大学期间，艾克曼曾经是一个不折不扣的弗洛伊德迷。他不仅阅读了弗洛伊德的所有著作，甚至在与别人讨论问题时，常常引用弗洛伊德书中的德文原话。在心理治疗时，他发现了一种"非语言"交流的存在模式——人们往往通过肢体动作和面部表情就可以表达意图，并不需要语言的参与。可是，谁也不曾想到，对人类手势和表情的一时兴趣，竟会成为他付出一生时间的研究事业。

为了研究"人类表情具有文化一致性"这一课题，他周游了世界，到了日本、巴西和非洲的很多国家。在旅行的同时，他搜集了许多人的表情照片，他们来自世界的各个地方。然后，他会把这些照片带到另外一个地方，要求当地人按照他的提示进行辨别和甄选。结果，他发现无论走到哪里，当地人都能够理解那些表情照片的含义。随后，艾克曼进入尚处于石器时代的原始部落，通过在部落内部的详细研究，证明了自己始终坚持的想法。

艾克曼到了一个成员天性善良、与世无争的部落。在那里生活的每一个人，都没有见过工业文明，他们认为点着的火柴来自魔法，从未见过手电筒，更没有通过镜子见过自己的脸。艾克曼花费了一些时间，尽量让当地人能够理解他手上的照片，有时候，他会为一个表情照片编一个故事，有时候他则会问"如果你的朋友来了，你会是什么样的表情"，然后让部落成员从众多照片中选择。在原始部落的测试中，即使没有受过教育的人，也能够看懂世界各地人的表情。在原始部落逗留的日子里，他也记录下了他们的喜怒哀乐，回国后对一些大学生进行测试。

结果证明，艾克曼带回国的"原始表情"，不同文化环境下的大学生

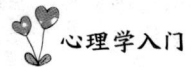

也都能够正确理解。虽然处于石器时代的人尚未开化,但是他们与我们之间的表情是共通的。因此,艾克曼得出结论:表情有文化一致性,不同文化下的表情是一样的。

在后续的研究中,艾克曼发展出了他的测谎技术,并且开发了一个视频测试,专门寻找具有识别表情差异超能力的天才,于是,我们看到了《Lie to Me》中的精彩剧情和那些具有表情测谎能力的天才心理学家。

第三节　从改变认知开始——掌控情绪

课堂上，老师进屋后一言不发，从储藏柜里拿出一张白纸板，然后在上面涂了一个大大的黑点。班上的同学搞不明白老师在做什么，开始窃窃私语起来。这时，老师举起白纸板，大声地问道："同学们，告诉我，你们看到了什么？"全体同学异口同声地回答说："一个黑点！"老师惊讶地说："只有一个黑点吗？同学们再仔细想想，还能看到什么？"这时，学生们开始大声地议论起来，"明明就只有一个黑点，还有什么呀？""对呀，对呀，老师只画了一个黑点嘛！"……学生间的议论还在进行，老师突然大声地说："谁说只有一个黑点？这么大一张白纸大家没有看见吗？"原本议论纷纷的学生们，顿时哑口无言了。

生活中，我们总是很容易犯这样的错误。回想一下，你是不是在一件事中，只看到了最糟糕的一面，看不到积极的一面？你是不是整天想着那些倒霉的事儿，而忘了天空中灿烂的阳光？你是不是只能看到别人身上的"黑点"，而忽略了他拥有的一大片的"白底"？

人生在世，不如意之事十之八九。不管是喜悦的、痛苦的、悲伤的，还是苦涩的，我们都要分开来看。从糟糕的角度考虑，也要从乐观的角度考虑，遇到难过的事情，与其伤心痛苦，不如微笑以对。其实有时候，转换一下角度，就能够改变心情。学会了调节情绪的方法，并且适时地应用

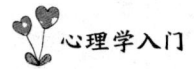

起来，保持平常心，才能够平和、客观地对待身边的任何事情。

转换了角度，原本倒霉的事，可以变成一种庆幸；原本沮丧的情绪，也可以雨过天晴。当然，转换角度并非自欺欺人，我们是在认清事实的基础上，在可以选择悲伤也可以选择庆幸的时刻，选择一种让自己开心起来的办法。这是一种对待生活的态度，也是人生的重要哲学。

有一次，时任美国总统的富兰克林·罗斯福家中失窃。虽然国家的重要文件得以保存，家中财物却被盗走不少，损失惨重。事发后，罗斯福的朋友纷纷写信安慰他，他却很乐观地一一回信说："亲爱的朋友，谢谢你的安慰，我现在一切都好，也依然幸福。感谢上帝！因为：第一，贼偷去的是我的东西，而没有伤害我的生命；第二，贼只偷去我部分东西，而不是全部；第三，最值得庆幸的是，做贼的是他，而不是我。"

这是伟人的智慧，也是伟人的胸襟和气度。许多处在社会大潮中的人，总是会抱怨自己的出身不够高贵，抱怨自己没有才能来让自己获得地位和财富，抱怨激烈竞争的环境不曾给自己机会，最后弄得自己整天郁郁寡欢、心情郁闷。其实，假如你能够换个角度思考，如果让你变成一个含着金汤匙出生的贵公子，或者让你生来就有惊人的天分和才华，你是否能够经营得当？是否能创造出色的成绩？每个人的成功都不是偶然的，当你能够换个角度思考时，你就会发现，原来一切都并不容易。那些气愤和心有不甘，也不过是你自己的心态问题而已。转换一个角度，将聚光灯从别人身上转向自己，与其气愤不平、到处抱怨，不如从这一刻开始努力开创自己的生活。心情愉快，情绪自然也会平和泰然。

俄国作家契诃夫说过："如果你手上扎了一根刺，那你应当高兴才对，幸亏它不是扎在眼睛里。"第一次看到这话的人，会把它当成一种幽默的调侃与戏谑；经过时间历练的人才会慢慢发现，其实这是一种达观的生活态度，是需要经历得失、经历苦乐之后才能体悟的人生智慧。

第七章
喜、怒、哀、惧——情绪

我国著名画家俞仲林因擅长画牡丹而闻名遐迩。有一次，他刚刚画了一幅牡丹图，就被一位收藏家买走了。这位收藏家买到了俞仲林的牡丹图，心里非常高兴，回家赶忙将画裱起来，端正地挂在大厅里。

有一天，他的一位朋友来拜访他，看见这幅画，大呼不好，说："兄台呀，你买的这幅画是个次品吧？你看，这朵牡丹花还没有画完，缺了个边儿。牡丹代表富贵，这缺了角的牡丹，岂不是意味着'富贵不全'了吗？"

收藏者一听，大吃一惊，也觉得牡丹残缺一边不好，不是一个好兆头。于是他将画取下，退回给俞仲林，请求他重画一幅。

俞仲林听后哈哈一笑，说："牡丹代表富贵，所以要缺一边，这是取'富贵无边'之意，代表着吉祥祝福呀！"

收藏者听了俞大师的解释，顿时感到心花怒放，又把画当宝贝一样拿回了家，重新挂到了大厅里。

我们从中可以看到，事情的本身并没有发生变化——那幅画上的牡丹依旧是少了个边。可是，如果我们对事件的想法和认识不同，情绪就会发生相应的改变。就像心理学家埃利斯总结的理论：外界事件会让我们产生情绪，是因为我们对事件的看法和认知。当事件本身无法改变时，想要改变我们的情绪状态，就必须改变我们对事件的想法和认知。

台湾著名漫画家蔡志忠说："如果拿橘子比喻人生，一种是大而酸的，另一种就是小而甜的。一些人拿到大的会抱怨酸，拿到甜的会抱怨小；而有些人拿到小的就会庆幸它是甜的，拿到酸的就会感谢它是大的。"许多时候，如果我们不能改变环境，就要试着改变自己；如果不能改变事实，就要改变态度；如果不能事事顺意，就要转换角度，改变心情。

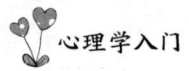

第四节 现代人的心灵杀手——抑郁情绪

生活中经常听到有人在说"我很郁闷""最近很烦躁""别理我、烦着呢"等这类语言,实际上,这些词都是抑郁情绪的代名词。

生活在竞争如此激烈的当前社会里,几乎每个人都在超负荷地运转。工作的时间越来越长,生活节奏越来越快,有的人为了工作在办公室里加班到深夜,有的人不得不在飞机上吃饭。人们的生活越来越封闭,越来越缺乏活动,每个人白天工作时,被关在办公室里,回到家则被关在卧室里。在这种情况下,人们有时难免会遇到工作不顺、情感受挫的情况,这也导致越来越多的人存在抑郁情绪。有很多心理学家提醒说:我们的身体已经跟不上21世纪这种缺乏睡眠、营养不良、快节奏的生活方式了。

所谓抑郁,就是一种极度的疲倦和无意义的感觉,在情绪上失去了做任何事情的热情和动机,觉得活着很累,很没意思,甚至出现厌世的想法。它是人群中较常见的一种心理失调现象,只要注意调整和治疗,不会影响学习和生活。

一般人的情绪变化有一定的周期性,通常都是短期的,即使存在抑郁情绪,也可以通过自我调适,在心理防御功能的配合下,恢复正常的、平稳的心理。不过如果抑郁情绪持续存在,甚至不经治疗难以自行缓解,症状也逐渐恶化,那就是心理问题了。如果抑郁情绪持续超过一个月,甚至持续数月都存在,则可以确定是抑郁症状。若非如此严重,其他抑郁状态都是普通的抑郁情绪而已,是每个人都会有、都会经历的一种情绪状态。

贝蒂是一位36岁的抑郁症病人。她在病人陈述中诉说了自己遭受的痛苦以及艰难曲折的求医过程。她说:"这几年来,我一直饱受胃痛、头痛、抑郁和过敏反应的折磨。"她的表情凄然,好像经历过生死一样痛苦。"我一直使自己安静和镇定,可是一直都做不到。我总是战战兢兢的,如同被绑在了一个拉得过紧的弓上,时时担心着自己的安危。我总是非常敏感,容易激动,一点小事儿就让我情绪失控,身边的人完全不知所措,我也不知道该怎么办。此外,我还特别容易生气,脏了没洗的咖啡杯,或者滴落果酱的地板,都会让我脾气爆发。

"在我寻医问药的过程中,浪费了很多时间,走了很多弯路。起初,我的背疼得厉害,肩周也痛,外科医生认为没什么特别的病,不过是一种由腰椎间盘突出引发的普通疼痛,妇科检查和神经科检查也没有查出任何病变。我尝试过按摩,可是他人的触碰让我感到紧张;我也尝试过体操和放松运动,可是过度劳累让我疲惫不堪。实在没有办法时,神经科的医生给我开了镇静类的药物,服下后的确有效,可是,只要药一停,一切毛病又找上来了。我知道自己不正常,我想我是真的病了,可是,却不明白原因在哪儿。"

很多人都走过贝蒂一样的求医过程。他们习惯头痛医头,脚痛医脚,直到任何药物都无法帮助他们摆脱痛苦,他们才决定寻找心理治疗师,解决心理上的问题。贝蒂也是一样,她在一年之内经历了婚姻失败、母亲去世和失业的三重打击,在最初的三个月里,她还可以正常生活,靠做社区的义工工作打发时间,直到身体上的痛苦几次三番地折磨着她,她才找到了心理医生,确定自己患上了抑郁症。

抑郁情绪的产生通常和周围环境的变化有着密切的关系。一个人在逐

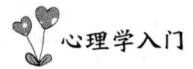

渐意识到自己的社会义务，逐渐形成自我价值的观念后，如果内心不够强大，一旦受到挫折或打击，往往不能正确对待，会忧虑不安，进而导致抑郁症的发生。对大多数人来说，抑郁只是偶尔出现，且很快就会消失；但对有些人来说，则会经常地出现，甚至会陷入抑郁的状态而不能自拔。

导致抑郁的原因，还有一个就是性格。有的人性格内向，习惯用悲观、消极的观点看待问题，不自觉地形成了自卑心理，常常用一种假想的视角，把自己想得处处不如别人。比如，当看到某位同窗好友取得成功时，他就会暗暗自责："人家那么有本事，我一点能耐都没有。"如果恰好自己遇到了挫折，他也会说："为什么好运到处帮助别人，却从来不会眷顾我。"而且，他的情绪会长久地留在过去的错误中，担心别人对自己的看法，整日忧心忡忡，深深自责。

陷入抑郁状态的重要表现就是情绪低落，郁郁寡欢，思维迟缓，兴趣丧失，缺乏活力，反应迟钝；对生活缺乏信心，体验不到生活的快乐，干什么都无精打采；不愿与人交往，看上去疲惫倦怠、表情冷漠、面色灰暗，仿佛陷入了痛苦的深渊而无力自拔。

在美国，大约每四个人中就有一人患上了抑郁症。心理学家伊拉迪经过了几年的研究，找到了一个独创的良方——跟着土著人一起锻炼。他观察到，新几内亚的土著人甚少患有抑郁症，或者沾染抑郁的情绪。其中一个重要的原因，就是他们每天都会进行几小时的锻炼，包括步行5~10公里寻找食物，为了搭建房屋而长距离地运送原木；每天的祭祀活动还会让每个人都跳上几个小时的舞。可以说，回归到原始社会的生活，按照我们祖先的方式运动，让自己的身体不再局限在沙发和冰箱的距离之间，或许可以成为赶走抑郁的一个良策。

第五节　不安像空气一样弥漫——焦虑情绪

你的生活，是否白天需要面对许多外界的压力，夜晚还要经受失眠的折磨？你的工作，是否每天尽心尽力地完成，还要为随时的升迁或调职担心？你是否也会抱怨，为什么别人能够生活泰然，而我却要每天奔波劳碌、疲于奔命？这一切，是你天生个性忧郁，喜好漫无边际地胡思乱想，还是生活的经历让你焦虑如此？

其实，很多人都像你一样，正在经历着焦虑情绪的考验。它像空气一样，无声无息地围在你身边；也像寄生虫一样，渐渐地吞噬掉一个健康的心态和快乐的灵魂。焦虑让人生变得沉重，变得悲观，让恐惧和怀疑时常侵蚀着内心。可是，你能够体验到的却只是无止境的担忧，是快乐生活的一去不返和内心的焦躁不安。

常建是一名已过而立之年的部队机关干部。他性格乐观、开朗，与人为善。在家中排行最小的他，从小备受父母和哥哥姐姐们的照顾，后来娶得爱妻，可谓生活平稳，安定富足。可是，最近半年来，他却时常心情烦躁，工作上常有不顺，回到家也经常和老婆吵架，闹得全家人都跟着他担心。原本一个气质儒雅的男人，怎么短时间内就像变了一个人似的？原来，一切都是焦虑症惹的祸。

常建从小生活条件优越，而且他还是家里最小的孩子，难免更受长辈

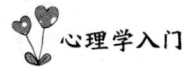

的宠爱。可以说，从他出生开始，父母已经为他安排好了人生，他无须过多担忧，更不必为了生计到处奔波。在27岁那年，他遇到了小他五岁的妻子筱禾。筱禾是一个天生的美人胚子，不仅人长得漂亮，气质也好，温柔似水，小鸟依人。经过充满波折的一段热烈追求，常建终于得以娶得娇妻回家。不过，筱禾在众多的追求者中选择了他，自然对他期望甚高，这使他时刻期待着自己能够更完美，心理上多少有些劳累。

他平时努力在工作中做出成绩，却无奈时局难料。就在他一门心思想要晋升，在更高层面上施展才华时，恰逢他所在的部队进行整编，需要抽调一批机关干部，随军队驻扎到海岛上。原本事事顺意的常建，万万没有想到，抽调的名单中会有他的名字。接到报到的通知后，他就怀疑有人在背后陷害他。费尽周折调查一番之后，他也没有找到期待的答案。心灰意懒的他，无奈之下只能将这个消息告诉妻子。妻子一边哭诉着自己的命苦，一边埋怨着丈夫的无能。

调去海岛工作后，他整天都是愁眉苦脸的，而且还疑神疑鬼，担心还会有人暗中算计他，担心自己哪一天会被调离到环境更恶劣的地方工作。于是，他整天神经紧张，眉头紧锁，对生活的环境产生了一种莫名的紧张不安。同时，远在他乡的他还在时刻担心家里的美娇妻，生怕刚刚结婚不久的妻子会因为长久的分离，而投入他人的怀抱。

长久的心理焦虑让他痛苦不堪，吃也吃不下，睡也睡不好。领导出于工作的考虑，建议他去咨询心理医生。当他坐在心理咨询室里，一一陈述了生活苦恼后，医生就准确地做出了诊断——常建是患上了焦虑症。

焦虑是生活中非常常见的一种情绪状态。比如，考试前的学生总是会担心自己没复习好，担心考卷上的问题没有温习到；产房外的老公总是会担心妻子的状况，在走廊里走走停停，坐立不安；在面试场外焦急等待的应聘者担心自己过不了关，总是心跳加速，胸口憋闷，手心都攥出了汗来。这些平常的焦虑情绪，是生活中的一种调节剂，也是人类一种本能的自我保护反应。

一位德国精神病学家曾经说过："没有焦虑的生活和没有恐惧的生活一样，并不是我们真正需要的。"也就是说，适当的焦虑对我们的生活是有用的，甚至是必不可少的。在平淡的生活中，时常出现的焦虑情绪能够刺激大脑神经，丰富我们的情感。可是，凡事总是要适量才好，就像美味的食物虽然好吃，但是吃多了也会肚子痛。如果总是处在焦虑的状态，总是为了不会发生的事情担心，结果焦虑的情况变得异常严重，或者焦虑情绪持续了很长时间，那么就可能需要寻求心理咨询师的帮助了。

排除焦虑情绪，不能像解决口渴一样，喝点水马上就消失了。它需要长久的耐心，需要科学的方法，还需要一颗安稳沉静的内心。只有告别心浮气躁，告别胆小怕事，告别沉默自卑，才能在身心舒畅中重新拥抱生活。

下面是应对焦虑情绪的实用方法，如果你此刻正感受焦虑，深受其扰，不妨尝试一下。

1. 做充分的运动。跑步、慢走和球类运动，可以消耗掉神经紧张时身体分泌的化学物质，让肌肉回到放松的状态，还能够消除肌肉疲劳，以达到控制焦虑情绪的目的。

2. 洗热水澡。当我们神经紧张、内心焦虑时，会相应地减少流到四肢末梢的血液，使肢体变得僵硬。这时，用热水洗澡可以促进血液循环，帮助身体放松。切记：不可用冷水洗澡。冷水会使血液远离四肢，增加焦虑情绪。

3. 听音乐。音乐能够使肌肉松弛，也会帮助精神放松，使积聚的压力得到释放。

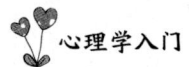
心理学入门

第六节 一点就着的炮仗脾气——情绪暴躁

家喻户晓的大哲学家苏格拉底，他的妻子是众所周知的悍妇。苏格拉底宁愿大部分时间都躲在树下思考，而不愿意回家面对自己的太太，就是因为他的妻子性情非常急躁，常常当着众人的面让这位著名的哲学家下不来台。

有一次，苏格拉底正在和几位学生讨论某个学术问题，他的妻子不知何故，忽然破口大骂起来，学生们都非常吃惊，不明所以。继而，他的妻子又提起一桶凉水冲着苏格拉底泼了过去，让苏格拉底全身湿透，瞬间变成了落汤鸡。当学生们感到十分尴尬而又不知所措的时候，只见苏格拉底诙谐地笑了起来，幽默地说："我早知道打雷之后一定要跟着下雨的。"

还有一次，苏格拉底的学生不解地问："老师，您一直教导我们要慈悲，要忍让，要懂得做人的道理。可是，您的夫人如此暴躁，又如此凶悍，您为什么不教化她呢？"苏格拉底沉吟了一下，回答说："正因为她如此的凶悍，如果我能够容忍她，就能够容忍全世界的人了。"苏格拉底的这句话后来成为千古名言，其中包含的人生学问和智慧引发后人的不断深思。

自古以来，悍妇太太一直是让丈夫头疼的对象，最出名的莫过于苏轼笔下的"河东狮"。虽然这些有涵养、有风度的丈夫渐渐找到了与悍妻的和谐相处之道，可是，如果我们在生活中遇到脾气暴躁的人，或者一不小心，我们自己变成了脾气暴躁的人，可能就不会如此幸运了。

俗话说：气大伤身。虽然这只是一句百姓总结出来的俗语，却是有一定科学依据的。在生活中，每个人都难免会遇到让自己气不过的事情。面对同样的事情，心态平和的人可以耐心地搞清楚事情真相，随后就相安无事了；而那些脾气暴躁的人，却常常难以控制自己的情绪，遇到事情首先乱发一通脾气，大吼大叫，气愤至极，还可能波及身边的桌椅板凳、日用器皿，最后事情并没有愉快地解决，还要给自己留下一系列的身体隐患。

在职场上，无法合理控制情绪的人，很容易得罪同事或者领导，使人际关系遭遇挫折，严重时还会影响自己的事业发展。而且，经常发脾气，或者遇到点小事儿就暴跳如雷的人，常常容易患上糖尿病、冠心病和高血压等身心疾病。拥有"暴脾气"的人，按照性格分类来讲，属于我们前面介绍过的 A 型性格。这类人素以脾气火暴、情绪难以自控著称。他们喜欢竞争、有闯劲儿、好斗，偏爱显示自己的才华，但是遇事容易急躁，不善克制情绪，对人常存戒心。

最初提出"A 型性格"这一概念的是一位美国学者弗瑞德门。他是在观察了大量的冠心病病人之后发现这一特点的。弗瑞德门通常用四个单词来概括冠心病患者的特征，即易恼火、激动、发怒和急躁。因为这四个英文单词中有两个以 A 开头，因此弗瑞德门将这种性格命名为"A 型性格"。

脾气暴躁的人一般有一个共同的生理因素，就是血液中的 5-羟色胺不足。这是一种调节情绪、控制行为的物质，如果体内分泌过少，个体就会无法抑制情绪，遇事容易暴躁、发怒。这种因素往往来自遗传，而且常常显出家族性，也就是说，如果老爸脾气火暴的话，儿子一般也会如此。脾气暴躁还有另外一个原因，就是心理因素。脾气火暴的人一般缺乏幽默感，对待事物认识不足，又期望过高，如果事情无法按照预期发展，他就

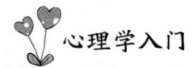

容易思维极端，冲动发怒。

虽然说一个人的性格是"江山易改，本性难移"，但是，每个人的情绪依旧是可以调节的。下面是调节脾气暴躁的小秘方，如果您恰好经常生气，无法控制自己的"小暴脾气"，不妨按照这几个秘方尝试一下。

1.学习克制自己的暴躁脾气。时刻提醒自己要冷静，情绪要平稳。在出口伤人前，先数十个数字，将不恰当的话语沉淀一下，通过时间上的缓冲，帮助自己的头脑冷静下来。

2.转移注意力。当情绪激动起来时，为了避免立即爆发，可以尝试着转移一下话题，或者做些其他的事情，比如迅速离开，去找朋友谈心，出门散散步，或者干脆到广场上跑几圈，把情绪释放出来后，再回头谈事情的具体细节。

3.换位思考。学会体谅他人的感受，不要动辄指责别人，也不要将自己的一时痛快建立在别人的痛苦之上。可能你只是随便发发火，发泄一下心中的愤懑，却会给别人带来深深的伤害。常常想想，如果有人对你大发脾气，你会怎么想？心里会是什么样的感受？换位思考是理解他人、体谅他人的重要一步。

4.培养自己的艺术情操。具有 A 型性格的人，总是忙忙碌碌，觉得时间不够用，恨不得同时做好几件事。这样一来，也让自己的情绪保持在一个过度紧绷的状态中，因此一遇到事情，比其他人更容易发火。平日里，可以用一段纯粹的休闲时间，听听舒缓的音乐，或者看一部节奏缓慢的文艺电影，在长时间的沉静里安定下来，对控制暴躁情绪也有一定的帮助。

第八章
用心理学的眼睛看世界——社会心理学

　　幸福不是一棵白菜，可以估算价钱，也不是一吨黄金，可以作为炫富的资本。在幸福面前，总有人追求高贵，也有人向往淡雅，比较出来的幸福永远是外在的境遇，内心的感受才是真实的生活。

第一节 "三人成虎"的背后——从众心理

孔子有个弟子叫曾参。他对人仁慈,孝顺父母,不会做为非作歹的事,更不会杀人越货,触犯刑法。方圆几十里之内,都知道他是个好人,当然,他的父母对他的为人更是极为了解。

一天,邻镇上有一个与他同名同姓的人,杀了人之后逃跑了。第一个听到消息的人,来到曾参的家里,告诉他的母亲说:"曾参杀人了。"曾参的母亲相信儿子的品行,反驳说:"我儿子不会杀人的。"过了一会儿,又跑来一个人,对曾参的母亲说:"曾参杀人了。官府贴出了通缉的告示,正准备抓他归案呢。"曾母心中将信将疑,但是仍然坚持说:"我了解他的为人,他是不会做犯法的事情的。"正在曾母犹豫时,第三个人又跑来告诉她说:"曾参杀人了。官兵正在赶来的路上,马上就要把他抓起来了。"没等他把话说完,曾母已经翻过墙头,远远地逃开了。

所谓三人成虎就是这样形成的。虽然每个人都在标榜自己的个性,主张面对困境,要学会独立思考;可是很多时候,人都不得不放弃自己的个性,接受随大流的命运。因为面对选择时,对于那些自己并不清楚的事情,那些没有把握的决定,随大流是一个非常简单而且实际的做法。

随大流,心理学上叫作从众心理,指的是由于群体的引导或施加的压力,而使个人的行为朝着与群体大多数人一致的方向变化的现象。社会心

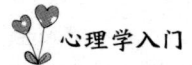

理学家研究发现，持一种意见的人数多少是影响群体从众的一个重要因素。"木秀于林，风必摧之"，很少有人能在众口一词的情况下，仍然坚持自己的意见，不向大多数人妥协。因为在一个团体中，每个人都希望能够找到自己的位置，希望能够和身边的伙伴和平相处，如果谁做出与众不同的选择，必定会成为一个团体的背叛者，遭到其他成员的排斥，甚至受到严厉的惩罚。因此，很多人宁愿牺牲自己的真实想法，也会选择从众，以保持和团体的一致性。

社会心理学家曾做过一个经典的从众实验。将十个人分到一个小组内，让他们辨识线段的长短。这十个人中，有一个人是真正的被试，另外九个则是实验助手，也就是主试的"托儿"。他们会故意说假话，以混淆视听。

主试在黑板上画了两条线，线段 A 和线段 B，在线段 A、B 旁边画一条斜线段 C。然后主试提问："第三条线段 C，和线段 A、B 哪条一样长？"主试的话音刚落，作为"托儿"的九个人陆陆续续发言，说是 B 和 C 一样长。可是，三条线相比，能够很明显地看出来，B 比 C 长一小段。在众人的选择中，真正的被试犹豫了。将类似的测试重复一百次之后，统计结果显示，有 38% 的人会选择漠视心中的真理，认同众人的选择，即使他明明知道那是错的。

这个实验真切地说明了群体中的很多人，会屈从于与多数人不一致的压力，即使在明知道选项错误的情况下，也会选择和大多数人一样的决定。

日常生活中，这种从众的行为还有很多。比如，大街上有人在吵架，一开始有两三个人在旁观，随着人数的增多，会有来自远处的更多人参与围观；在商品限时抢购的促销活动中，路过的人也会因为店里的热闹场面，而去参加商品抢购，即使最后他们发现，买到的东西是自己根本不需要的。另外，已经流传多时的风俗习惯也会变成一种从众，如结婚请客，节日祭祖，后来人基本无须思考，就会遵照习俗的要求，约束自己的行为。因此，这种毫无思考地遵照他人的做法，不仅会让自己丧失独立的思考，有时候还会闹出笑话来。

"二战"后的英国，物资严重缺乏，生活在伦敦的每个人都养成了排队领面包、领牛奶的习惯，因此对于街头上排队的人群，也会过分敏感。一次，一位男士正无所事事地游荡在街头，忽然看见街角处排着一条长龙，所有人都规规矩矩地站在队伍中，好像在等待着什么。这位男士不管三七二十一，赶紧站在了队伍的最后面，生怕正在派发什么急需的生活用品，被自己的大意给错过了。

队伍实在太长了，男士开始等得有些不耐烦，不过，为了拿到宝贵的物资，只得耐下心来慢慢等待。等他终于排到队伍的前头时，才发现，原来这些人在排队上厕所。大失所望的他，心中懊恼自己的愚蠢，更害怕在众人中闹出笑话，于是他悄悄地退出了队伍，穿过人群，默默地向家里走去。

其实，现实中的从众，有时候是迫于多数人的压力，有时候则成为生存选择的一个必须行为。一个社会拥有统一的秩序、统一的道德评价、统一的行为方式，才能保证人与人之间的正常交往，社会机器才能正常运转。从这个角度来说，从众成为一个人适应社会、适应生存的主要方式。不过，在纷繁复杂的事物面前，我们仍然需要保持一颗清醒的头脑。虽然一个人的知识有限，阅历有限，面对时常出现的复杂局面，难以具备全面观察、高效解决的能力，但是，冷静地观察，理性地行动，仍然是我们选择从众与否的前提。

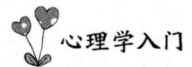

第二节 比上不足比下有余——幸福的比较级

"幸福是个比较级,要有东西垫底才感觉得到。你在羡慕谁,谁又在羡慕你?"这是一个微博上广泛流传的段子。不知道从什么时候开始,我们的幸福一定要通过和他人的比较,通过金钱的计算,才能显现出来。

刚交了第一套房子首付的人,觉得有三套房的人才是幸福;住在公寓的人,觉得住在远郊别墅的人才是幸福;养一个孩子觉得吃力的人,觉得送孩子出国留学的人才是幸福;挤在公交车里的人,觉得开着宝马的人才是幸福……

奇怪的是,失业的人在羡慕被上司痛骂的员工;身在职场的人,却羡慕可以在家喝酒、打牌、看电视的失业者。好像每个人都在比较,都在衡量,而且永远用别人的风光,看自己的阴影。好像永远有个别人,过得比自己快乐,比自己幸福,却从来没有人想过,每天自怨自艾的自己,自己的不幸生活,也会成为他人向往的目标。

美韵和嘉玲是大学同学,多年不见的两个人,竟然因缘际会地再次相见,于是美韵成为了嘉玲家里的常客,两人互相谈心,倾诉多年来的生活和情感经历。

美韵一直是那种有些想法的女子,上学时,就整天吵闹着今后要做女强人,要有自己的事业。如今,她果真拥有了自己的公司,却也难免每天辛苦奔忙，出来进去，把自己练成了"钢铁侠"。相比美韵，嘉玲一直都特别实际。凭借不俗的姿色，嘉玲在大学里找到一个高干子弟，毕业后就结婚生子。随着丈夫事业的发展，她也算过上了富太太的生活，终日看景种花，十指不沾阳春水。

美韵第一次去嘉玲家时，心里着实吓了一跳。因为嘉玲向来喜爱花草，所以她老公特别为她选了一处露台宽广的房子，放眼望去，不知名的盆景一排排地整齐摆放，花儿芬芳，叶子婆娑，一百多平方米的地方，简直变成了一个花草的世界。美韵看着其中她最钟爱的夹竹桃和风信子，心中不禁感慨："我和老公辛辛苦苦供款买下的房子，大小也不过如此，如今，人家的一个露台，就抵过我几年的努力。"想起从前的过往，女人的嫉妒心难免泛起酸意。念书时，美韵处处比嘉玲好，如今却落得天差地别，不禁要感叹命运弄人。

看着走过来的嘉玲，美韵称赞道："你们家的露台真漂亮，你也太幸福了，有一个这么疼你的老公。"嘉玲赔笑着，脸上的表情却怪异得很。不一会儿，嘉玲的老公回家了，和美韵打了一声招呼，就提着公事包，直接进了书房。美韵看着一脸失望的嘉玲，探询道："你先生真忙啊，这么晚才回来！"嘉玲说："鬼知道他在忙些什么，反正他忙他的，我忙我的，我们现在谁都不管谁了。"看着嘉玲渐渐冰冷的脸色，美韵知趣地告辞，匆匆离开了那个过于梦幻的房子。

在回家的路上，美韵一直在想："嘉玲用的几千块一套的化妆品，我永远也买不起；嘉玲经常去的那家 SPA，我这辈子都不会成为那里的会员；嘉玲种花的那个露台，可能以后还会变大，可是我家的房子却要成为我一辈子的窝了——可是，我有一个回家就会大声喊我名字的老公，他从来不会跟我摆臭脸，也不会让洗洁精伤我的手，虽然他能力不够，赚钱不多，在事业上也不能帮我的忙，却给了我最真挚、最实惠的幸福。"如此

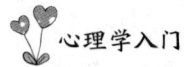

比较了一番，美韵的心里舒服多了，不再感慨嘉玲的奢华生活，也不再自怨自艾。

俗话说："人比人，气死人。"永远看到别人的优势、关注自己劣势的人，注定只能在无穷无尽的唏嘘和自卑中，毁掉自己的生活。

如果和舞蹈家相比，没有谁能有那样纤细的身材和曼妙的舞姿；如果和运动员相比，没有谁能有那样强健的体魄；如果和博尔特比，你永远跑不快；如果和伊辛巴耶娃比，你永远跳不高。自寻烦恼的人，喜欢在比较中称量自己的幸福，在金钱堆里计算自己的快乐。

记得有一位老人曾经说过：什么是幸福？医院里没有我家的病人，监狱里没有我家的犯人，这就是幸福。著名的哲学家黑格尔的幸福定义更加简单：有一份公职；能遇上自己的爱情，拥有爱妻。

其实，幸福的本质很简单。它不是来自物质的堆积，不是来自外在的处境，而是内心的一种感受。身穿华服，拥有全部物质享受的贵妇，在别人看来，她很幸福，可是，她的内心不一定这样认为；粗茶淡饭，整日为了生活奔波劳累的主妇，在别人看来，她活得辛苦，活得紧张，谈不上幸福，可是，她的内心也不一定这样认为。

幸福不是一棵白菜，可以估算价钱；也不是一吨黄金，可以作为炫富的资本。在幸福面前，总有人追求高贵，也有人向往淡雅，比较出来的幸福永远是外在的境遇，内心的感受才是真实的生活。

第三节　乐善好施为哪般——利他行为的动机

汤姆逊瞪羚是一种生活在非洲坦桑尼亚、肯尼亚及苏丹南部的小型羚羊，它们喜欢在长有丰富食物和拥有自由空间的开阔草地上活动。汤姆逊瞪羚很擅长逃跑，也擅长跳跃，它弹跳的高度可以达到3米，距离长达9米。它转弯的速度甚至比印度豹还快，因此它常用急转弯的方式摆脱猎食者的追赶。

汤姆逊瞪羚有一个很奇特的地方，就是当一只瞪羚看到狮子或其他敌人正在逼近瞪羚群体时，它不会第一时间逃跑，而是在原地跳跃蹿动，向它的同伴们发出危险的讯号，同时也把敌人的目光吸引到自己这边，为它的同伴创造逃脱的机会。

生物学家观察到，这是一种非常特殊的行为方式，而且，这种行为只发生在汤姆逊瞪羚身上。所有瞪羚群体，最早发现危险的那只汤姆逊瞪羚都会如此反应。按照一般的行为原则，最早发现危险的瞪羚，应该最先逃跑，或者一边喊叫，一边逃跑，这才是最佳生存策略。但汤姆逊瞪羚放弃了第一时间逃生的机会，并以自己的生命为代价向同伴报警，使自己暴露在捕食者面前。

这一行为看上去颇似母鸟保护幼鸟的行为，但它们的内涵却有明显的差别。有的心理学家解释为，这是汤姆逊瞪羚的一种本能行为；有的心理

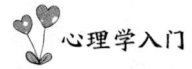

学家则认为,这是动物界罕见的一种纯粹的利他行为。不过,这种常常被看作纯粹利他的现象,尚未寻找到科学的依据。

所谓利他行为,最广泛的定义是提供时间、资源或能量以帮助他人的行为。如亲社会行为、助人行为、利他主义行为等。所谓纯粹利他,即利他主义者不追求任何针对其个体的客观回报。至于利他行为的本质是什么,不同学者有不同的看法。有人认为利他行为的本质是利己,也有人认为利他行为的本质不是利己。

在社会中,存在着很多形式的利他行为。比如,四川地震时,那些踊跃捐款的爱心人士;多年来坚持收养流浪动物的女子;为病情危急的陌生人奉献血液的小伙子;将所有的青春投入山村教育的志愿者……不过,一个行为的发生,可以有不同的动机,我们也无从考证,这些人做出善行的原始动机,是利己还是利他。

清朝有一部小说,叫作《镜花缘》。书里勾画了一个君子国。生活在君子国里的人,从来不关心自己,只关心他人,个个都以自己吃亏,让人得利为乐事。在君子国的市场交易中,卖主在出售货物时,一定会拿上等货给买主,并且收最低的价钱,而买主则一定要买店铺里的次等货,并且愿意付最高价钱。这个国家的国王也非常克己,如果臣民给他进献珠宝,不仅不会受到夸赞和赏赐,进献的人还必须将珠宝烧毁,并且接受相应的惩罚。

小说中描绘了一个道德水平非常高,人人为他人着想、谦虚有礼的社会。不过,从物种生存的角度严格审视,这个社会的生存策略实在难以恭维。如果我的拉链开了,要求你帮我拉上;我的鞋带开了,要求你代我系上;你缺了柴米油盐,要我去操心置备;你赌博欠债,要求我帮你偿还。这种舍弃依靠自己调适来创造更加方便和迅捷的生活,而要彼此之间相互代理的社会模式，根本不可能存在；即使存在，最终也会被更高效、更有秩序的生活方式所取代。从物种进化的角度来看，无条件的利他天性，无条件地帮助那些无亲缘、无血缘关系的陌生人，会使个体失去存活的可能，这并不符合进化的规律。

当然，现在文明社会的道德约束、学校教育，甚至是宗教信仰，同样还是可以助长利他行为的，因为它们都宣扬"互帮互助"。不过，目前心理学界的研究依然认为，人类社会不存在纯粹的利他主义。一切帮助行为都有着内部和外部的获益，类似于市场经济中的等价交换原则。虽然利他行为远不是一种纯经济的交换行为，而是一种更丰富的社会文化现象，然而不可否认的是，等价交换是人类道德和情感维持的巨大杠杆。

任何看似利他的行为，实际上本质都是利己的。在帮助他人的同时，也是通过牺牲物质利益来换取精神上的满足。当我们付出爱时，我们想要得到他人更多的爱；付出友谊时，同样需要他人的友谊，并且满足与人交往、心有归属的需要。我们对陌生人付出感情和物质，都是为了某种程度的回报，有的是精神上的愉悦，有的是更大的物质丰收。我们每天被各种各样的良好品德与社会舆论约束和鞭策，以为拥有了这些高贵的品质，我们就会变成更好的人，将会变得感情丰盈，精神世界是那么纯洁无瑕。殊不知，能够拥有难以抗拒的亲和力和好人缘，早已成为我们内心期待的回报之一。在一个个漂亮的外壳之下，利他的本质往往并不是我们想象得那样饱满。

现实生活的真相总是那么残酷。当我们投资股票时，希望股市飙涨，收益满盘；当我们选择爱人时，则期待着获得对方更长久的爱恋；当我们养育子女时，希望将最优良的基因、最好的教育传给下一代，出于DNA的自私性，我们对后代的重视永远超过对父母的关爱。

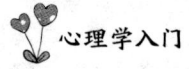

虽然利他主义的本质如此，也不代表它就应该被鄙夷或者抛弃。由于利他主义的存在，人与人之间的相处会更加融洽，人们更愿意在群体中树立一种公认的道德标准，社会风气也会因此变得更适宜人类生存。

第四节　围观造成的悲剧——旁观者效应

张军下班后,吃过晚饭,闲来无事便决定到楼下转转。快速行走了几百米后,他走到了一个卖小吃的大排档,要了两样小菜和啤酒之后,在座位上静静地享受起美味来。

突然,张军听到大排档的尽头传来了一阵骚动,接着就是桌子、板凳碰撞的声音,过了一会儿,张军看到前方的两人被喷溅的啤酒瓶碎屑溅到,慌忙躲开。为了避免受伤,他也连忙起身离开。不过,张军天生爱凑热闹,最后还是忍不住跟着移动的人流,走上前去围观。

原来,吵闹的是两个喝醉的男子,因为几句口角,加上酒精的刺激,在街边开始大打出手。张军的第一反应就是打电话报警,他刚掏出手机来,就听到周围的人在喊:"赶紧打110,叫警察来呀。"张军一想,这么多人在看,肯定有人已经报过警了,他就不必多此一举了。过了十几分钟,两个人接连倒在地上,看这碎了满地的啤酒瓶,两人应该是伤得不轻。张军心想:"醉酒闹事,看一会儿警察来了,怎么收拾你们!"看着人群散去,张军也打包了他的啤酒和小菜,安然地回家睡觉了。

一夜长梦让那场莫名其妙的打架搅得乱七八糟的,没想到,第二天的报纸新闻更让张军觉得揪心。巨大的新闻标题写着:"醉酒闹事两人被打成重伤,围观群众竟见死不救。"还有报纸写道:"民众如此麻木不仁,

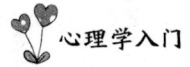

令人痛心疾首。"张军内心的愧疚之情顿时翻涌。"当时旁观的那么多人,怎么会没有人打110?原来那些胡乱喊叫的人,都没有行动吗?"张军一边为自己的冷漠和缺乏行动力而自责,一边思考着"群众麻木"的问题。

很多地方都发生过类似的事件,比如,一个落水的小学生,竟然在几十个人的注视下,溺水身亡;一个准备跳楼的男子,原本只是情绪激动,无意轻生,而楼下众多人围观,竟然很多人起哄说"你跳啊!""你怎么还不跳?",在这种情况下,他真的坠楼身亡。其实,张军昨晚经历的场景,正是社会心理学家研究多时的一种心理现象——旁观者效应。旁观者现象指的是,在紧急情况下,由于有他人在场而没有对受难者提供帮助的现象。心理学家研究得出结论:救助行为出现的可能性与在场旁观人数成反比,即旁观人数越多,救助行为出现的可能性就越小。

心理学家还总结出了一个规律,在紧急情况下,如果越少人在场,受难者获救的概率就越大。因为少数人会因为强烈的责任感和见死不救的罪恶感,而想尽办法对受难者施救。当旁观者增多时,整体的罪恶感和羞耻心会被人群平分掉,责任分散在每个人身上,个体的责任就会相对减少。同时,随着旁观者的增加,每个人都在等待他人的反应,甚至出现推脱责任的现象,因此,受难者获救的机会也随之减少。不过,这种现象并不能单纯地解释为旁观者的冷酷无情或者道德沦丧,因为在不同的场合,旁观者受不同的群体影响,援救行为也会变得不同。

除了在紧急事件中,生活中的其他方面也会受到旁观者效应的影响。比如,一个人平时说话总是自信满满,滔滔不绝,可是一站到演讲台上,面对台下落座的观众,就会张口结舌,面红耳赤,原本练习多次的讲稿也会说得结结巴巴。不过,旁观者效应也有促进行动的时候。当我们遇到坏人时,如果是只身一人,恐怕难以与坏人正面对抗,而当周围有人围观时,我们就会鼓起勇气,用正义的力量战胜邪恶。

每一年的美国大选，各个党派的候选人都要到全美各州进行宣讲活动。一次，民主党的候选人爱德华兹来到了达拉斯。一下车，他和随行人员就遇到了抗议的人群，他们围在车辆旁边，久久不肯散去。就在工作人员组织开路时，一位农夫向候选人爱德华兹扔了一个鸡蛋。顿时，他的西装上沾满了黏糊糊的蛋汁。围观抗议的人看到这一情景，纷纷拍手称快。众人的嘲笑让爱德华兹觉得丢尽了面子，恼羞成怒之下，他指着扔鸡蛋的农夫骂道："你这个乡巴佬，看你能扔得起多少只鸡蛋？"话一出口，就受到了众人的指责。

新闻媒体纷纷报道了这件事，使得全美的公众都看到了爱德华兹情绪失控的这一幕，原本一路领先的民主党支持率急转直下，最后，爱德华兹竞选失败。后来，爱德华兹回忆时，对当时的举动深表后悔，他在自己的书中写道："如果当时只有我们两个人，他扔了我一个鸡蛋，我会擦拭一下，不再理会。可是，当着那么多人的面，我觉得尊严受到了严重的侵犯，我不能让别人觉得我是个软弱的领导者。而最终的结果表明，我的强硬是多么的愚蠢。"

爱德华兹正是旁观者效应的受害者。就像原本打算吵两句就散去的两个人，在众人围观之下，为了受伤的尊严，愈吵愈烈，甚至大打出手。这种围观造成了人群对当事人的一种隐性攻击，或许事情的结果并不出于旁观者本意，可是，事实的确是在围观者的注视下，才得以发展的。

幸好，这种隐性攻击还是可以避免的。社会心理学家提示：如果你作为一名旁观者，遇到了突发事件，这时，首先要克制住观望、看热闹的冲动，因为身处险境的人可能正在等待你的救援。然后，立刻采取行动，打电话报警或者向周围人呼救。即使情况还模棱两可，即使你可能在紧急情况下判断失误，最后制造出一个惹人笑话的乌龙。但是，被人笑话事小，救人性命事大。

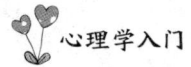

第五节 找到自己的位置——社会角色

南宋嘉熙年间,江西一带山民叛乱,当时,担任吉州万安县县令的是一个叫作黄炳的人,他收到消息后,立即调集了大批人马,在城门口严加守卫,时刻准备着与叛军作战。

一天黎明前,探报来说,叛军即将杀到。黄炳立即派巡尉率兵迎敌,可是,巡尉迟迟不肯离去,支支吾吾地想要说什么,黄炳见此情形,问道:"你还有什么话要说?"巡尉怯怯地说:"将士们到现在还没吃饭,饿得浑身无力,到战场上怎么打仗?"黄炳一听,马上面露难色,过了一会儿,他却胸有成竹地说:"你们尽管出发,早饭随后送到。"

黄炳并没有开"空头支票",他立刻带上身边的几个差役,抬着竹箩木桶,沿着街市挨家挨户叫道:"知县老爷买饭来啦!知县老爷买饭来啦!"当时城内居民都在做早饭,听说知县大人亲自带人来买饭,便赶紧将刚烧好的饭端出来。黄炳命手下付足饭钱,便将热气腾腾的米饭装进木桶推走。这样,士兵们既填饱了肚子,又没有耽误行军,与叛军交战中,个个奋勇杀敌,最后打了一个大胜仗。

这个县令黄炳,没有亲自捋袖做饭,也没有兴师动众、劳民伤财,他只是借别人的手,做好了自己的饭。县令的买饭之举,看起来平淡无奇,算不上高明,甚至有些荒唐,但却取得了很好的效果。

从这个故事中，我们可以看出，团体中的每个人都有着不同的作用，就像士兵用来打仗，巡尉用来协调县令和士兵之间的关系，而县令本人，则用来出谋划策，统筹大局。故事中的县令黄炳找到了自己的角色定位，他知道自己不是用来冲锋陷阵的，也不需要事必躬亲，去身体力行地帮着士兵做饭，而需要运用自己的智慧，找到最便捷的方法，达到令人满意的效果。

在一个团体中也是如此。社会是一个大团体，公司或者家庭是一个小团体。无论是谁，在团体中都在扮演着一个属于自己的角色，这个角色可能是领导者，可能是谋划者，也可能是参与者。角色的不同，取决于每个人不同的人格特点。有的人非常现实，崇尚努力，喜欢用系统的方法解决问题，具有很好的责任心和自控力，因此，这样的人会成为团队中的实干者，他们对团队忠诚度高，有时候，甚至会为了团队整体的利益而放弃个人的利益；有的人成熟自信，办事客观，能够引导一群不同能力和个性的人向着共同的目标努力，这样的人会成为团体的协调者，他们具备强烈的个人魅力，能够发现团体成员的优缺点，并且帮助成员发挥自己的优势，实现目标。

对于处在不同团体中的我们来说，根据自己的性格和喜好，准确地找到自己的角色，找到我们在团体中的位置，比完成棘手的工作更重要。因为团体中的每个角色都是互相依赖、相伴而生的，不同的角色承担着不同的使命，如果一个人不够了解自己，对自己的定位不清楚，就很容易造成角色混乱，从而使自己陷入矛盾、自卑的情绪中，影响自己，也会影响他人。

张伟是汽车厂一个生产车间的普通员工，进入车间三年来，他一直表现出色，无论是生产技术，还是与同事之间的沟通能力，都在其他员工之上。车间主任孙师傅特别器重他，希望张伟将来有不错的发展。

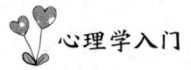

可是，最近发生的一件事，却让张师傅对张伟的印象大打折扣。年底人事变动时，孙师傅调到了分公司任经理，张伟信心满满，以为自己可以顺利地由班组长升任车间主任，接替孙师傅的职位。没想到，人事任命下来后，是另外一位叫作胡兵的同事接替了孙师傅的职位。

张伟心里非常不满，工作上开始不积极，还经常挑胡兵的毛病。一次，在车间施工时，胡兵按照规定的图纸指导员工工作，但张伟不按照规定的步骤操作，非要根据自己的习惯来安装，胡兵指出他的毛病之后，他不客气地说："孙师傅在的时候，我一直都是这么干的，怎么就你事儿多啊？"胡兵和他争执了几句，张伟更加挑衅地说："看来你根本不是做主任的料，我劝你，还是该干吗干吗去吧，让有能力的人来当主任才对。"

胡兵将事情反映给经理，原本就看不惯张伟气焰嚣张的经理，一气之下将他分配到郊区的配件厂。孙师傅得知后，赶到配件厂看望张伟，才了解到，原来他一直为没能升任车间主任的事情耿耿于怀。孙师傅无奈地解释道："说你脾气坏，让你改，你还不听，最后事情还是坏在你这脾气上吧——我跟经理说过了，过两个月，让你到分公司来帮我，你咋就沉不住气呢？"看着孙师傅失望的表情，张伟才明白，原本的一件好事让他给搞砸了。

在纷繁而复杂的社会中，我们总要经历不同的角色：生病了，住进医院，就变成了病人；病好了，回到工作岗位上，又变回了员工；饿了，去餐馆吃饭，是消费者；自己做生意的，就成了老板；员工升职之后，又变成了主管或者经理……可是，无论什么时候，处在何种职位，都需要用积极的心态去面对，即使像张伟那样，升职不成，也要踏踏实实地工作，如果一名小员工，整日以领导的姿态工作，总有一天会碰到钉子，也会让自己吃到苦果子。